Peter Hacks

Zur Romantik

KONKRET LITERATUR VERLAG

Diese Ausgabe erscheint zeit- und inhaltsgleich
im Eulenspiegel Verlag

ISBN 978-3-89458-261-6

© 2008 Eulenspiegel Verlag, Berlin
© für diese Ausgabe Konkret Literatur Verlag
Satz und Umschlagentwurf: Eulenspiegel Verlag
Druck und Bindung: CPI Moravia Books GmbH

www.konkret-literatur-verlag.de

INHALT

ENGLISCHES HERKOMMEN

Ein romantischer Autor ist ein Autor,
der die englische Literatur gelesen hat.

Ich kann nicht über englische Literatur reden, ich redete denn zuvor über England. Offenbar hat die Literatur der Engländer mit ihrem Herkunftsland mehr zu tun als viele andere Literaturen mit den ihren. Es gibt über die letzten tausend Jahre hinweg ein Schwerveränderliches in der Aufführung dieser Inselbewohner, das uns veranlaßt, dieselbe irgendwie eigenartig, eben englisch zu finden. Auch die englische Literatur beträgt sich ganz ungemein englisch.

»In keinem anderen westlichen Industriestaat«, unterrichtet die Zeitschrift »Der Spiegel« vom 5.4.1999 ihre Leser, »klafft die Schere zwischen dem armen und dem reichen Bevölkerungsanteil weiter auseinander als in Britannien; die Ungleichheit stieg im Vereinigten Königreich sogar stärker als in den USA«. Auf das »sogar stärker als in den USA« weise ich Sie hin, weil ja in jeder anderen Rücksicht – Lust am militärischen Mord, wirtschaftlichem Erfolg und einer Gewohnheit, den Gedanken der Freiheit unter den Völkern auszustreuen – Nordamerika vollkommen der Nachfolger seines Mutterlandes geworden ist. »So enorm innerhalb Englands der Kontrast von ungeheurem Reichtum und von ganz ratloser Armut ist ...«, schreibt Georg Wilhelm Friedrich Hegel in seinem Aufsatz »Über die englische Reformbill«. Der Aufsatz stammt aus dem Jahr 1831. Sie verstehen, was ich mit dem Schwerveränderlichen in der englischen Geschichte meine. Im Punkt der Ungerechtigkeit unter den Klassen war England immer führend und ist es geblieben.

»So enorm innerhalb Englands«, lehrt also Hegel, »der Kontrast von ungeheurem Reichtum und von ganz ratloser Armut ist, so groß und leicht noch größer ist der zwischen den Privilegien seiner Aristokratie und andererseits den Rechtsverhältnissen und Gesetzen, wie sie sich in den zivilisierteren Staaten des Kontinents umgestaltet haben«.

Das immerhin ist ja bekannt, daß »der Pomp und Lärm der formellen Freiheit« (»Reformbill«) sich in England auf zwei geschichtliche Augenblicke gründet, in denen die englischen Barone dem sich herausbildenden Staat den Lebensfaden abschnitten und zwei schwachen Königen zwei Erlaubnisse zur ungehemmten Willkür abnötigten: dem König Johann die Magna Charta und dem König Wilhelm III die Bill of rights.

Durch die »Freiheit der Barone gegen den Monarchen« war »die Nation zur absoluten Knechtschaft erniedrigt«, sagt Hegel in der »Philosophie der Geschichte«. »Der Zeitpunkt des Übergangs von Lehnsbesitz in Eigentum ist ungenutzt, der ackerbauenden Klasse Grundeigentum einzuräumen, vorübergegangen« (»Reformbill«). Hegel wirft England vor, daß es keine Bodenreform hatte.

Die Romantik sah einige Dinge anders, als, wie wir sahen, Hegel sie sah. Adam Müller, in »Feudalismus und ›tiers-état‹«, 1809, kann sich des Lobes nicht genug tun. »Die Lehnsverfassung bildete eigentlich die Grundlage der vielgerühmten Britischen Verfassung. Das ist die gesetzerzeugende Hingebung an das Ganze und an das ewige Interesse des Staates, die ewige Wechselwirkung zwischen der Freiheit und dem wahren Gesetze«. Geben wir immerhin Hegel das Schlußwort.

»Es wird« (»Reformbill«) »schwerlich irgendwo ein ähnliches Symptom von politischer Verdorbenheit eines Volkes aufzuweisen sein«.

Von den drei Zielvorstellungen der bürgerlichen Revolution haben die Engländer zwei niemals, auch zum Schein nicht, angestrebt: die Gleichheit nicht und die Brüderlichkeit nicht. Sie hatten das Unglück, nur die Freiheit zu kennen. Sie lebten in Königslosigkeit und innerer Verworrenheit dahin.

Englisch habe ich solche Eigenschaften genannt, die den englischen Bürger befähigen, eine solche Lage auszuhalten. Der Positivismus der Privilegien beispielsweise erträgt sich vermöge eines durchgehenden Positivismus, der, indem er nach Ursachen nicht fragt, sich wenigstens die Frage nach dem Zustandekommen der Macht der Mächtigen erspart. In dem Erkenntnisverzicht steckt natürlich eine gewisse Abschaffung der Wirklichkeit, aber es ist ja nun einmal das, was der Zweck ist. »Alle Engländer«, verrät Goethe am 24.2.1825 Eckermann, »sind als solche ohne eigentliche Reflexion. Aber sie sind groß als praktische Menschen«.

Mit der Mitwelt versucht der Inselbürger, sich niemals zu reiben. Er zeigt immer Gelassenheit, er wird niemals vertraulich. Er übt die landeseigentümliche Art guten Benehmens, welche streng jede Erwähnung politischer oder philosophischer Streitfragen verurteilt. Zusätzlich schützen ihn die Zweifelsucht und der Spiritismus vor dem Denken, das er fürchtet. Er erreicht Unterbetonung jeden Ausdrucks im Heldischen, er übt die höchst britische Kunst des Sichabfindens mit Schicksalsschlägen, und er ist Meister der Heuchelei, des Cant. Cant ist vielleicht die erstaunlichste Form des geselligen Realismus. Die Konventionalität der Franzosen, die schlimm genug ist, bildet wenigstens die Gemeinplätze des Hofes nach, die der Engländer die des Ortsgeistlichen und der Nachbarschaft. Gern versucht sich der Engländer in der Mildtätigkeit. Dem Taschendieb gibt er den Galgen, dem Polizisten Trinkgeld.

Die Kehrseite der Anpassung ans Unerträgliche ist die Verschrobenheit. Man hat Riten der Absonderung entwickelt, man scheut nicht den Ruf eines Menschenfeinds. Spleen heißt jene ausgeklügelte Form der Narrheit mit ihrem starken Beischuß von Grausamkeit.

Es sind, glaube ich, zwei Abhilfen, die der Engländer den unüberbrückbaren Spannungen seiner Befindlichkeit entgegensetzt, der Humor und das Gärtnerwesen.

Humor setzt voraus, daß Meinungsverschiedenheiten nicht wichtig sind. Die Engländer sind wirklich große Humoristen; denn ihre Meinungsverschiedenheiten sind wirklich nicht wichtig. Der Gartenbau ist eine Weise, Gemütlichkeit ins Chaos einzuarbeiten.

Ich möchte nicht so verstanden sein, wie wenn alle diese Gebräuche üble Gebräuche wären und alle Engländer Bösewichter. England ist ein großes europäisches Reich, eine alte Seemacht und Erfinder des Kapitalismus und des Imperialismus. Bei aller Ähnlichkeit der Einrichtungen, England ist nicht Kurdistan. Es ist unausbleiblich, daß es politische, wissenschaftliche und literarische Weltgestalten hervorbrachte, Geister von einzigem Rang, die der Menschheit unentbehrlich sind. Ihre Namen lauten: William Shakespeare, Elizabeth I, Oliver Cromwell, Thomas Hobbes, Isaac Newton, Adam Smith, Charles Darwin, George Bernard Shaw.

Frankreich, Deutschland und Rußland haben auch wen, aber kein Reich außer England hat derentgleichen.*

---

* Zum Vergleich. Die geniale Elite der Deutschen umfaßt Nikolaus Kopernikus (falls der sollte ein Deutscher gewesen sein), Gottfried Wilhelm Leibniz, Johann Wolfgang Goethe, Georg Wilhelm Friedrich Hegel, Heinrich Heine und Karl Marx.

Man liebt, läßt sich sagen, die Engländer mehr als England. Ich, was wieder mich betrifft, liebe Frankreich mehr als die Franzosen.

Wenn wir etwas wie eine Vaterschaft der englischen Literatur an der deutschen Romantik behaupten, haben wir zunächst zu erwähnen, daß das Wort »Romantik« vom englischen Wort »romanticism« sich herleitet. Jenes Wort ist die Übersetzung dieses Worts durch Johann Gottfried Herder. Eine Neubestimmung des Begriffs nahm dann Friedrich Schlegel vor.

Bis zum Jahr achtzehnhundert hat weder ein Engländer noch ein Franzose jemals ein deutsches Buch gelesen; für die *schwerveränderlichen* Engländer übrigens gilt das bis heute. Die Deutschen, rückständig und bescheiden, wie sie waren, bezogen von den Franzosen die Regeln der Kunst und von den Engländern den Mut, die Regeln der Kunst zu verletzen. Goethe, kein Anhänger Englands, dankt den Engländern ausdrücklich dafür, daß sie ihm halfen, gewisse Engstirnigkeiten der Aufklärung zu überwinden. »Suchen Sie in der Literatur einer so tüchtigen Nation, wie die Engländer, einen Halt«, empfiehlt er, noch am 3.12.1824, Eckermann. »Zudem ist ja unsere eigene Literatur größtenteils aus der ihrigen hergekommen«.

Die Engländer hatten es mit Gebirgen und Gewittern. Sie kannten die witzigen und die tugendhaften Regungen der Seelen. James Macphersons Ossian und Thomas Grays Barde machten uns auf die Naturnähe und die Kraft unserer frühen

---

Die hervorragenden Franzosen heißen: Armand Jean Richelieu, Pierre Corneille, Ludwig XIV, Jean Racine, François Marie Voltaire und Maximilien Robespierre.

Und die Russen: Iwan IV, Peter I, Katharina II, Wladimir Iljitsch Lenin und Josip Wissarionowitsch Stalin.

Die französische Liste ist hauptsächlich eine politische. Die Russen haben nur Politiker, die Deutschen nicht einen.

Vorfahren aufmerksam. Die Freude an »Umständen aus der Kindheit unserer Gesellschaft« haben wir ohne weiteres von ihnen. Das sind Einflüsse, und gegen Einflüsse in der Schriftstellerei läßt sich nichts sagen.

Ein bißchen abartig freilich sind diese englischen Einflüsse schon, und das Unglück wollte, daß nicht jeder deutsche Dichter bei seiner Suche nach Anregungen Gutes im Sinn hatte. Edward Youngs »Die Klage, oder Nacht-Gedanken über Leben, Tod und Unsterblichkeit«, wie schwarzgallig sie immer töne, wird erst in Novalis' »Hymnen an die Nacht« zu einem Anschlag gegen die gesamte Aufklärung geschärft, worin der Nacht ein eigener vernunftloser Zugang zu einer eigenen vernunftlosen Wahrheit zugeschrieben wird, und das Licht für das Böse steht. Thomas Chattertons Gedichte des von ihm erfundenen Ordensmannes Rowley werden in der Einleitung, die Ludwig Tieck den Wackenroderschen »Herzensergießungen eines kunstliebenden Klosterbruders« voranstellt, zu einem zänkischen Ausfall des Klosterbruders gegen den Herrn von Ramdohr und dessen klassizistische Kunsttheorie mißbenutzt. »Deshalb sollen alle Künstler Mönche sein«, brummt hierzu Goethe.

»Ein französischer Wahnsinn ist noch lange nicht so wahnsinnig wie ein deutscher«, bemerkt Heine in der »Romantischen Schule«. Dasselbe gilt sogar für einen englischen.

England hat den Nationalstaat als ein Geschenk der Geographie. Es wäre nie ein Staat geworden, wenn es keine Insel wäre. Vergönnen Sie mir einen raschen Blick auf den entscheidenden Abschnitt der englischen Geschichte, den von der ersten Hälfte des 16. bis zur zweiten Hälfte des 17. Jahrhunderts. Heinrich VIII eröffnet Aussichten zur Formung eines Staatswesens und erfindet sogar eine absolutistische Religion. Elizabeth I führt England zum Höchstmaß der Regierbarkeit.

Sie bleibt ohne Nachfolger; wahrscheinlich hätte sie den Heiratsantrag Iwans des Schrecklichen annehmen sollen. Jakob I, Maria Stuarts Sohn, verspielt alles Gewonnene, Karl I läßt sich köpfen, Cromwell wäre ein großer Monarch, wenn er nicht leider ein Puritaner wäre, Karl II und Jakob II versuchen, Ludwig XIV nachzuahmen, und übernehmen sich derart, daß der Rückschlag unwiderruflich und mit Wilhelm von Oranien das Werden eines Königtums in Britannien für alle Zeiten beendet und außer Betracht ist. Seit den hannöverschen Georgs ist England wieder eine so mittelalterliche Gesellschaft, als hätte es den Elizabethanischen Gipfel nie gegeben.

Die Romantik ist die Hervorbringung der Glorreichen Revolution, will sagen, des Katzenjammers nach dem verlorenen Absolutismus Elizabeths, der verlorenen bürgerlichen Revolution Cromwells und der verlorenen Restauration Karls II. Nichts, was in Frage kam, kommt in Frage. Alle Ziele sind sinnlos, übrig die Stände.

Mit Wilhelm von Oranien war die Hoffnung erloschen und die Partei der Whigs entstanden. Wenn England auf dieser Erdkugel das romantische Eiland ist, so sind die Whigs auf diesem Eiland die romantische Partei. Das Gespenstische an ihrer Lage führt sie zur Herausbildung der Gespenstergeschichte, die sie belieben als den *gotischen Roman* zu benennen und die also auch wir so zu benennen haben. Es ist merkwürdig, daß eine Literaturgattung durchaus von whiggistischen Parlamentsmitgliedern verfaßt ist.

Mit dieser Gattung des gotischen Romans wird die deutsche Romantik mehr als nur angeregt. Hauptwerke der Romantischen Schule sind von Hauptexemplaren des gotischen Romans abgekupfert, und mit zweien von denen denke ich Sie im Folgenden zu behelligen.

Ich beginne mit »Der Mönch« von Matthew Gregory Lewis, Parlamentsmitglied für Hindon, Wiltshire.

Das Buch ist mit Entschiedenheit antikatholisch.

Die Handlung erfassen wir mit der Formel: Die Liebe und das Kloster. Zwei Freunde, junge Aristokraten, lieben. Die Liebste des einen wird in die Zwangslage verflochten, das Gelübde abzulegen, die des anderen durch den schurkischen Abt Ambrosio vergewaltigt und ermordet. Letzterer ist der Held des Romans. Von Anlage her zu Hohem bestimmt, ist er auf Grund der Erziehung der Kapuzinermönche in seinem Charakter geschwächt und weniger gefeit gegen die Einflüsse des Bösen, als er glaubt.

Der Teufel, dem an diesem Mann gelegen ist, schmuggelt ihm eine weibliche Bedienstete, die er zur Hand hat, in die Zelle. Sie nähert sich dem Abt in der Maske eines empfindsamen Novizen. Der liebende Jüngling entpuppt sich als liebendes Weib. Alle fleischlichen Erfüllungen in dem Buch schlagen rasch in Ekel um; Ambrosios Verführerin wandelt sich zur Kupplerin, die ihm bei der Schändung seiner Jungfrau die Lampe hält. Endlich zeigt sie sich in ihrer wahren Natur: als böser Geist und führende Mitarbeiterin des Höllenpersonals. Ihr Name ist Matilda.

Matilda natürlich, das *Weib, das des Teufels ist*, gefällt uns sehr. Auch wie der stolz, aber wurmstichige Asket Ambrosio langsam und unerbittlich dem Teufel verfällt. Auch wie man vermöge eines fernwirkenden Zauberspiegels eine Jungfrau beim Ausziehen beobachtet und ihr auf den nackten Hintern schaut. Das alles ist rund, artig und ergiebig.

Lewis arbeitet mit gröbsten Lustspielmitteln. Das Liebesgeständnis, das sich auf eine hübsche junge Dame bezieht und das aber von einer alten Schachtel als Heiratsantrag mißverstanden wird, benutzt er zwei volle Mal. Ein Plan besteht

darin, das Fräulein, das einer entführen will, als den Schloß-
geist »Blutige Nonne« zu verkleiden; das echte Gespenst stört
den Handel und wird anstelle des verkleideten Fräuleins vom
Liebhaber umarmt. Das Gespenst betrachtet sich von da an
als verlobt.

Das Buch ist ein sowohl schwul als sadistischer Porno. Es
hat Lust zu physischem Horror. Eine in einer Gruft eingeker-
kerte Nonne hält ihr totes Neugeborenes liebend an den
Busen gedrückt. »Alsbald ward der Leichnam zu einem Bün-
del Fäulnis, zu einem widerlichen ekelhaften Ding für jedes
andere Aug' denn das der Mutter. Oftmals fand ich beim
Erwachen, daß sich um meine Finger jene langen Leichenwür-
mer wanden, welche sich gemeiniglich von dem verfaulenden
Fleisch meines Kindleins zu nähren pflegten!«

Am Ende läßt der Teufel, selbst ein bißchen eitel, den Abt
Ambrosio noch wissen, daß die von ihm ermordete Jungfrau
und deren ermordete Mutter seine eigene Schwester und Mutter waren; dann kippt er ihn zur Strafe in die felsigte Wüste
der Sierra Morena, wo er, auf den Dursttod wartend, Glied um
Glied von Insekten zernagt wird. »Myriaden Plagegeister
senkten ihre Rüssel, ihre Stacheln ihm in den Leib, sie setz-
ten sich in seinen Schwären fest, ein summendes Gewimmel
sonder Zahl«.

Eine Menge ganz ausnehmender Unwetterbeschreibungen
und der unbekleidete und vollkommen schöne Teufel Lucifer
in seiner Erscheinungsform als gefallener Engel – man kann
das romantisch nennen. Was es wirklich ist, ist das:

Von einem sehr jungen Mann aus sehr guter Familie ein
Stück sehr übermütiger Unterhaltung, bei gediegenen psy-
chologischen und gesellschaftlichen Kenntnissen, bei fleißigen
erotischen Gewagtheiten, bei kecken Beleidigungen der Kirche und der Bibel, getragen von einem flotten lebenserfahre-

nen Zynismus und hoher formaler Bewältigung des Stoffs. Lewis, wenn er von seinen zahlreichen Lesern den Spitznamen *Monk Lewis* erhielt, aber er versteht viel von Liebe. Vor uns liegen fünfhundert Seiten Sex und Crime, die nie langweilen.

Etwas, wenn man es so nennen will, Ernst und viel Dilettantismus in die Sache gebracht zu haben, wurde das Verdienst der deutschen Romantik. In dem Punkt sündigte Ernst Theodor Amadeus Hoffmann nicht, daß er die Vorlage, von der er abhing, etwa geleugnet hätte. Ganz offen hat Hoffmanns Mönch den Roman des Monk Lewis auf dem Nachttisch liegen, und man sieht ihn in ihm blättern. Ein Schriftsteller, der eine literarische Entlehnung zugibt, kann nicht des Diebstahls gescholten werden, fordert indessen heraus, daß man seine Fassung mit dem Original vergleiche; denn eine Bearbeitung zieht ja doch ihr Recht, auf der Welt zu sein, daraus, daß sie besser ist als ihr Urbild.

Ich vermag nicht vorzutragen, daß dies dem Mönch Hoffmann gelungen sei. Er eröffnet die Handlung, wie folgt.

Der hochbegabte Kanzelstar, der diesmal nicht Ambrosio, sondern vielmehr Medardus heißt, entdeckt im Reliquienarchiv des Klosters eine Kiste mit einer Flasche, mit welcher es das auf sich hat, daß Satan sie seinerzeit dem heiligen Antonius zurückließ. Medardus trinkt von dem Elixier in der Flasche und schlürft so den Teufel in sich hinein und ist nun gleichsam mit dem bösen Feind schluckgeimpft.

Der Eröffnung folgt keine Fabel. Der Mönch geht von Bamberg nach Rom und dann wieder zurück.

Der Roman »Die Elixiere des Teufels« ist nur eine Road Novel, aber ich tue mein Bestes. Auf der besagten Reise ereignen sich betrübliche Vorfälle, wovon ich den wichtigsten als Probe gebe. Medardus stößt einen Fremden, der ihm ähnelt wie ein Ei einem Ei, ohne es zu beabsichtigen, in eine Schlucht und setzt seine Reise in dessen Anzug und als der fort. Jener wieder kommt von dem Sturz mit Irrsinn davon und setzt auch seine Reise in des Medardus' Anzug und als dieser fort. Er verfolgt ihn als Doppelgänger. Der Possen geht so weit, daß er ihm im Walde aufhockt.

Es ist dauernd, daß in dem Roman einer einen für einen hält, der der nicht ist. Die Ähnlichkeiten alle sind verursacht durch etliche in alten Renaissancetagen in Blutschande gezeugte Ahnen, die ein stets gleichgestaltes Geschlecht von Frevlern hinterlassen haben, mit Fluch und erblicher Verderbnis; denn die Renaissance ist der Abfall von Gott. Die gewöhnliche Fortpflanzungsweise des besagten Adelshauses ist der Inzest, was den Helden zu dem (Franz Fühmann) »Schrei« veranlaßt: »Die Sünden der Väter kochen und gären in meinem Blut«. Medardus selber ist einer dieser Klone.

Das ist die Idee, und ich muß nicht betonen, daß das keine Idee ist. Medardus ist von Geburt der Hölle verfallen, ob er nun von ihrem Elixier genippt habe oder nicht. Hoffmann dachte bei seinem Konstrukt an ein neues Haus von Atriden, brachte es aber nur zu einem plattromantischen Schicksalsroman. Es kommt zu vielen Verwechslungen und zu überhaupt keiner Verwicklung.

Erdacht hat Mönch Hoffmann ferner eine Begegnung seines Helden mit dem Papst. Der Papst ist äußerst undurchsichtig und, erfreulicherweise, ein rechter Gauner.

Und leider erdacht hat er eine lustige Figur. Die lustige Figur ist Friseur, trägt den lustigen Namen Pietro Belcampo oder auch bloß Schönfeld, und das Komische an ihm ist, daß er ohne Unterlaß Modebegriffe aus der Kunstphilosophie des »Athenäum« in seinen Redestrom einflicht. Er erhält hierfür sehr viel Raum, und es ist Hegel nachzufühlen, wenn er (in

»Solgers nachgelassene Schriften«) von der »höchsten Fratzenhaftigkeit« spricht, »zu welcher der Humor in den Hoffmannschen Produktionen sich steigerte«. Verglichen mit dem halbgebildeten Geschwätz dieses ästhetisierenden Barbiers sind Lewis' lustspielhafte Scherze neben Shakespeare und Aristophanes zu stellen.

Goethe sagt (über Sterne) etwas sehr Tiefes. »Der Humor ist eines der Elemente des Genies, aber, sobald er vorwaltet, nur ein Surrogat desselben; er begleitet die abnehmende Kunst, zerstört und vernichtet sie zuletzt«.

So viel zu Belcampo vulgo Schönfeld.

Die meisten Einfälle aber, seine fleischlose Geschichte zu würzen, hat der Mönch Hoffmann von dem Monk Lewis. Lewis hat erfunden, daß der Ursprungsort des Geschehens ein beidgeschlechtliches Kloster sein müsse, aus welcher Verumständung er genug Szenen ableitet. Die Mönche sind Kapuziner, die Nonnen Klarissen, beide also Derivate des Franziskanerordens. Auch bei Hoffmann sind die Mönche Kapuziner, die Nonnen zu Beginn aber, eigenwilliger Weise, Zisterzienserinnen. Hoffmann schrieb sehr schnell. Zum Schluß sind seine Nonnen, was sich für sie gehört und was sie bei Lewis waren: »Klare Schwestern«.

Eine Rolle spielt bei Lewis ein zufällig im Kloster befindliches Gemälde von Ambrosios – ihm noch unbekannter – Geliebter, als heilige Jungfrau dargestellt. Der Zufall hat Ursachen: das Bild ist von Matilda, der Teufelin eingeschmuggelt, und der Zufall hat Folgen von Unterhaltungswert: der Mönch Ambrosio träumt einen Beischlaf mit der Gottesmutter. Auch bei Hoffmann hat der Mönch Medardus eine der ihm versippten Damen, in die er sich verlieben wird, als heilige Rosalie in seinem Kloster hängen. Es war sogar sein eigener Vater, der sie gemalt hat, aber zu was das?

16

Läßt Lewis den Ambrosio seine Schwester umbringen, bringt Medardus bei Hoffmann ganz gehorsam seinen Bruder um. Es ändert nichts an der übrigen Geschichte und geht in ihr unter. Versatzstücke wie die Inquisition, die Folter, unwohnliche Totengewölbe usw. sind über den Kanal gereist und hier ziemlich verloren. Was immer der Hoffmann dem Lewis absieht, er bleibt hinter ihm zurück.

Es sind zwei Züge an Hoffmann, die ich zu tadeln wünsche.

Die »Elixiere« beginnen und, schlimmer, enden in einer fromm und heilen Welt. Die Vorsteher beider Klöster, des der Mönche und des der Nonnen, die Lewis als Abschaum allen Abschaums zeichnet, sind bei Hoffmann lichte Engelsgestalten. Sein Teufelsbündler, der wenig Fleischliches gesündigt und der Unzucht eher in der Einbildung gefrönt hat, bereut am Ende und wird wieder anständig. Das Werk dieses romantischen Protestanten ist ein katholisches.

Die Ereignisse der »Elixiere« wie die des »Mönchs« begeben sich, so wollen es die Autoren, in gehobensten Kreisen. Lewis versteht sich auf den Hochadel und die Geschlechterbeziehungen im Hochadel; selbstbewußt und selbstverständlich verfügt er über die Psychologie der *Love in idleness*. Hoffmann, Kammergerichtsrat zu Berlin, vermag gar nichts zu schildern als die Tölpelhaftigkeit und grobe Lüsternheit seines Kleinbürgermönches. Unentwegt vergreift sich dieser Held in Kleidern, Gesten und Manieren und leidet an Zuständen seiner gesellschaftlichen Minderwertigkeit. Die Oberklasse, in der auch Hoffmann seine Atriden ansiedelt, sieht aus wie Lackbilder von Atriden. Zu erklären, Hoffmann verfüge über irgendeine Psychologie, überlasse ich anderen.

Ein Vergleich von »Die Elixiere des Teufels« und »Der Mönch« belegt die Armseligkeit der deutschen Romantik, gemessen am Glanz und der Kraft der sich in der Horrorgattung bereits selbst zurücknehmenden Reste der englischen Aufklärung.

Die deutsch und romantische Entsprechung zu Edmund Burkes »Betrachtungen über die Revolution in Frankreich« ist Novalis' »Die Christenheit oder Europa«, welche Auslassung von jener sich ableitet. Burke war ein großer Parlamentsredner und das Whig-Mitglied für Wendover, Bristol oder Malton. Wenn die »Betrachtungen« vielleicht kein gotischer Roman sind, so sind sie doch ein gotischer Essai. Diese gruselige Weltübersicht war als Lesestoff beliebter, als jede schöngeistige Gruselmär hätte sein können.

Das Wort »Whig« ist wie das Wort »Tory« nur ein Name und bedeutet nichts, als Name nichts und als Sache nichts. Die Whigs, wie das in Zweiparteiensystemen so ist, wollten nichts anderes, als die Tories wollten, sie waren nur die andere Partei. Sie haben sich eine Farbe von Freisinn, ja Volksfreundlichkeit anzulegen gewußt, und es gibt tatsächlich Whigs, die zu derartigen Werten hielten. Es sind die sogenannten Foxite Whigs, der Flügel des aufgeklärten Premierministers Fox. Unter ihnen finden sich Namen wie Mary Wollstonecraft, William Godwin, Thomas Paine. Leute wie solche haben keine politische Bedeutung. Sie dienen nur, um der Partei, der sie anhangen, den linken Ruf zu verschaffen.

Wenn im Verlauf der Geschichte die herrschende Klasse zu einer besonders niederträchtigen Missetat schreiten muß, benutzt sie, auch das ist eine Gesetzmäßigkeit von Zweiparteiensystemen, für deren Ausführung seit Noske einen rechten Sozialdemokraten. Zu der Zeit, von der wir reden, benutzte sie einen rechten Whig. Es galt, die Französische Revolution für die europäische Propaganda in einen Kriminalfall umzudeuten. Hierbei machte es sich natürlich gut, wenn dem Namen des Umdeuters ein irgendwie fortschrittlicher Klang anhaftete.

Ein rechter Whig ist stets unverdrossener gegenrevolutionär als ein rechter Konservativer, damals wie heute. Eigentlich waren Pitts Tories die Partei für den Krieg gegen Frankreich. Aber kein Tory hätte an Kriegshetze das leisten können oder wollen, was Whig Burke über jede rechtschaffene Moral und jeden erzogenen Geschmack hinaus vermochte.

Im Grunde interessierte sich Premier Pitt wenig für die Französische Revolution. Pitt war ein praktischer Charakter. Ein kontinentales Land wollte in Europa ohne England verfahren; andere Kriegsgründe brauchte man hier nicht, und tatsächlich hielt er die Revolution eingangs fast für einen Glücksfall. Er unterstützte sie, weil er glaubte, sie schade Frankreichs Festigkeit. Burke hingegen begreift die Revolution von Beginn an als Unheil. Burke kämpft gegen Frankreichs Meinungen und erst dann, in zweiter Linie, gegen Frankreichs Soldaten. An dem Tag, an dem er seine Stimme seinem Parteifeind Pitt zur Verfügung stellt, ist für die Welt der Frieden verloren.

Burkes »Betrachtungen« haben die Gestalt eines historischen Abrisses seit den Tagen der Glorreichen Revolution von 1688, die Burke als die tief erhaltende schildert, die sie ist, und die mit der Französischen Revolution im mindesten zu verwechseln er jedem Bürger Englands abrät. An keiner Stelle, schreibt Burke, habe die Glorreiche Revolution vorgesehen, daß ein Volk das Recht haben könne, über seinen König zu urteilen, obwohl es ja gerade das zu sein schien, was sie tat.

Ordnung, schreibt Burke, kann nur von überkommenen und bevorrechteten Ständen geschaffen werden. Die so gewachsene Ordnung ist die Freiheit.

Zur Herrschaft befähigt sind nur Eigentümer. Nur Gutsbesitzern ist am Wohlergehen der Gesellschaft gelegen. Das »unschädliche Ringen der Teilnehmer an der Regierung« findet, wonach das Land verlangt, den »Mittelweg«. Der Kampf der Stände gegen Absolutismus und Aufklärung ist der Grundwiderspruch der Epoche. So sagt er es, und so, letzten Endes, sagt es Hegel ja auch.

Zur Zeit des Lehnssystems war die Welt in Ordnung. In England ist sie es noch. Wo, wie in Frankreich, die Stände entmachtet sind, herrscht Gott- und Gesetzlosigkeit. Die Leiden Ludwigs XVI und Marie Antoinettes und ihrer zarten Kinder rufen unsere Tränen hervor. Königsmord ist wie Priestermord, wie Vatermord eben. Die Kirche muß vom Staat unabhängig und sehr reich sein. In der Tat sind die Enteignungen des Kirchenbesitzes der Hauptgegenstand der Burkeschen Entrüstung. Der Feind der Freiheit ist die Gleichheit.

Ein Staat ist dem Wesen nach göttlich, oder er ist nichts. Das Feldgeschrei aller Gutgesinnten lautet: Freiheit und Feudalismus.

Als Novalis den Burke gelesen hatte, prägte er das bekannte Athenäumsfragment von 1798: »Burke hat ein revoluzionäres Buch gegen die Revoluzion geschrieben«. (Irgendwas, scheint mir, steckt in diesem Unsinn. Viele Gegenrevolutionen seit der Romantik haben sich revolutionär gebärdet oder sogar selbst als Revolution ausgegeben).

Im Jahr drauf setzte Novalis sich hin und gab, was Burke gegeben hatte, noch einmal auf seine Weise. Er verdünnt und spiritualisiert den historischen Abriß des Engländers zu einer *Phänomenologie des heiligen Geistes*.

Das Leben im Mittelalter war eine wunderbare Zeit, heiter, farbig, lebensfroh unter der Obhut des Papstes. Alle Menschen waren satt und hinreichend mit Reliquien versorgt.

Die Wissenschaften blühten. Dann, trotz des Eifers der Jesuiten, trat ein Verhängnis ein, das fürchterlich seinen Lauf nahm. Es trat ein in Gestalt der Reformation, der Philologie und des Absolutismus. Alle Freuden endeten, alle Geborgenheit verlor sich. Man soll die Menschheit »nicht modeln«. Erst in unseren neuesten Tagen erzeugt, in Fortsetzung der Jesuiten, die Romantische Schule eine Wiederkehr der Kirche und führt den Völkerfrieden herbei.

Das Werk auch dieses Protestanten ist ein katholisches.

Drollig ist, daß die Romantische Schule sich vor der Denkleistung ihres Lieblingsmitglieds fürchtete. Die allzu durchsichtige Rückführung ihrer geistigen Aufschwünge auf gewöhnliches pfäffisches Dunkelmännertum behagte den Freunden nicht. Sie tauschten gegensätzliche Meinungen über die Veröffentlichung des Buchs und stritten hin und her und verfielen endlich darauf, Goethe zum Richter über die Frage zu bestallen. Goethe, der aus Politik den jungen Leuten gern Zugeständnisse machte, war zu politisch, sie in diese offensichtliche Grube fallen zu lassen. Er riet ihnen ab, und seines Rates froh ließen sie die »Christenheit oder Europa« in ihrem Giftschrank verschwinden. Erst der Agent Georg Reimer, Verleger in Berlin, Gründer der »lesenden und schießenden Gesellschaft«, gab sie, nicht früher als 1829, in Druck.

Ich beabsichtige, desgleichen in Zukunft zu vermeiden, aber ich will den Schluß des Kapitels mit einer kleinen vergleichenden Auswahl von Zitaten Burkes und Novalis' schmücken.

BURKE: Soll jeder Grenzstein im Königreich zugunsten eines arithmetischen Staatsexperiments von seiner Stelle weichen? Sollen die Ländereien der Kirche an Juden verkauft werden?
NOVALIS: Ruhig und unbefangen betrachte der echte Beob-

achter die neuen staatsumwälzenden Zeiten. Kommt ihm der Staatsumwälzer nicht wie Sisyphus vor?

BURKE: Aber die Zeiten der Rittersitte sind dahin. Das Jahrhundert der Sophisten, der Ökonomisten und der Rechenmeister ist an ihre Stelle getreten, und der Glanz von Europa ist ausgelöscht auf ewig. Niemals, niemals werden wir sie wiedersehen, diese edelmütige Ergebenheit an Rang und Geschlecht, diese stolze Unterwürfigkeit, diese Dienstbarkeit der Herzen, die selbst in Sklavenseelen den Geist und die Gefühle einer erhabenen Freiheit hauchte. Es war dieses System der Ritterbegriffe, was, ohne Verwirrung in die Gesellschaft zu bringen, den Geist einer edlen Gleichheit erzeugte.
NOVALIS: Es waren schöne glänzende Zeiten, wo Europa ein christliches Land war. Ohne große weltliche Besitztümer lenkte und vereinigte Ein Oberhaupt die großen politischen Kräfte. Eine zahlreiche Zunft, zu der jedermann Zutritt hatte, stand unmittelbar unter demselben. Wie heiter konnte jedermann sein irdisches Tagewerk vollbringen, da ihm durch diese heiligen Menschen eine sichere Zukunft bereitet und jeder Fehltritt durch sie vergeben wurde.

BURKE: Sitten und Kultur sind seit mehreren Jahrhunderten mit zwei Prinzipien verknüpft: eins war die Gesinnung eines Gentleman, das andere der Geist der Religion. Es war der Adel, der die Wissenschaften beschützte, und die Geistlichkeit, die sie lehrte.
NOVALIS: Die ungeheure Höhe, die einzelne Menschen in allen Fächern der Wissenschaften des Lebens und der Künste erreichten – das waren die schönen wesentlichen Züge der echt katholischen oder echt christlichen Zeiten.

BURKE: Sie sehen, mein Freund, daß ich dreist genug bin, um in diesem erleuchteten Jahrhundert frei zu gestehen, daß wir im ganzen eine Nation von unaufgeklärten Gefühlen sind.
NOVALIS: Das Resultat der modernen Denkungsart nannte man Philosophie. Das Licht war wegen seines mathematischen Gehorsams und seiner Frechheit ihr Liebling geworden, und so benannten sie nach ihm ihr großes Geschäft, Aufklärung.

Lichtscheu und politische Migränetypen sind sie beide, Edmund Burke und Friedrich Novalis. Novalis' Angriffe gegen Helligkeit und Klarheit hatten wir schon anläßlich der »Hymnen an die Nacht« Gelegenheit zu erwähnen. Jetzt denkt er sich eine Metapher für die heranbrechende romantische Weltabendstunde aus: auftauchen will, so ergießt er sich, »eine neue goldne Zeit mit dunkeln unendlichen Augen«.

DIE NACHTSEITE DER ÄSTHETIK

Ein romantischer Autor ist ein Autor,
der die englische Literatur gelesen hat und Opium verzehrt.

Als ich jung war, lachte ich gern und fand vieles erheiternd. Ein Mitstudent war Sohn eines Kunstschriftstellers, so stieß ich in seines Vaters Wohnung auf ein Gemälde des deutschen Surrealisten Rudolf Schlichter, an das ich mich noch gut erinnere. Ich hatte Bilder wie das noch nie gesehen, es schien mir ulkig, und ich nahm ohne weiteres an, der Maler habe seine Hervorbringung zum Lachen gemeint. Später erfuhr ich, wer Rudolf Schlichter war.

Schlichter war Katholik, Kommunist und seit 1927 Nazi. Die Nazis, als sie 33 drankamen, erwiesen sich als keine Schlichterianer, aber Schlichter blieb Nazi; freilich unterließ er nicht, sich nach dem Krieg als Mann des Widerstands aufzuspielen. Er hatte eine geschlechtliche Zuneigung zu Knopfstiefeln, worunter Gewandstücke, eine Art weiblicher Fußbekleidung, sich verstehen lassen. Teils trug er sie, teils leckte er sie ab. Er war ein *befugter Paranoiker*, so nenne ich einen Menschen, der nicht irrt, wenn er sich einbildet, es meide ihn jeder nach Kräften. Er war spaltirre und Geisterseher. Er beschenkte uns mit Portraits von Bertolt Brecht und Ernst Jünger und war natürlich Morphinist. Alles, was er tat, tat er im Ernst. Er hätte nie in seinem Leben daran gedacht zu lachen.

So weit, daß mich nach Erhalt dieser Kenntnisse das Kunstwerk noch hätte in Laune versetzen können, so weit ging meine Bereitschaft, mich erheitern zu lassen, nicht.

Ich bleibe beim Rauschgift. Das Rauschgift der Künstlerkreise hätte um 1800 auch können das Haschisch gewesen sein, war es aber nicht, wahrscheinlich des englischen Ursprungs der Ware Opium wegen. In England ist das Opium eine Kolonialware, ein gängiges Handelsgut wie Kaffee, Tee oder Arrak. Es ist im achtzehnten Jahrhundert die Ostindische Gesellschaft, welche, ebenso wie im zwanzigsten die CIA, die zur Erzeugung und Ausfuhr erforderlichen Kriege besorgt, das Monopol hält und den Weltmarkt innehat. (Es ging darum. Indien mußte das Opium anbauen, was es nicht wollte, China mußte das Opium kaufen, was es nicht wollte; dafür, daß die Moguln und die Mandschu taten, was sie nicht wollten, sorgte die Gesellschaft. Ich zögere bei dem Wort Opiumkrieg immer ein bißchen, weil ich nicht finde, daß das Wort Krieg den Vorgang richtig bezeichnet, wo Leute mit Kanonen Leute ohne Kanonen in beliebiger Menge hinmetzeln).

Wenn der Exporteur des Opiums Warren Hastings hieß, hieß der Werbemann für das Opium John Brown. John Brown war ein Scharlatan von einem schottischen Arzt, der den Ruhm dieser Arzenei sang und sie gegen ausnahmslos alle Krankheiten verordnete. Man hatte das Opium in Europa schon immer als den *Theriak* und als Allheilmittel eingenommen, aber das war Aberglauben gewesen, und Brown war ein Doktor und ein Professor.

Die Rede ist noch vom naiven Opium. Das Harz der Mohnkapsel ist von vielfältiger Zusammensetzung. Je nach Herstellungsort, Bodenbeschaffenheit, Anbauweise, Wetter und botanischer Sorte erscheint das Opium in ganz unterschiedlicher Gestalt, wobei es das an sich hat, daß es immer Opium ist. Später macht sich die Scheidekunst an die pechartige Masse, aber wenn, 1804, das Morphin von Sertürner rein dargestellt wird – das Opium der Romantik ist vorwissenschaftlich. Wer es (als Konfekt) ißt, als Tinktur (in Whisky) trinkt oder (gemischt mit Haschisch) raucht, berechnet die Wirkung nicht und läßt es drauf ankommen.

Jeder Engländer, will ich sagen, hat Opium zur Hand. Einige Engländer gewöhnen sich an seinen Genuß, und es paßt zum Spleen, daß sie sich daran gewöhnen. Die ersten Schriftsteller, die Wert auf die Gewohnheit legen, sind Thomas de Quincey und Samuel Taylor Coleridge, aber die Sache bleibt ohne große gesellschaftliche oder gar ästhetische Weiterungen. Es gibt in England Rauschgift, es gibt kein Rauschgiftproblem.

Anders steht es, seit deutsche Schriftsteller wie Friedrich Schlegel, Friedrich Wilhelm Schelling und Novalis anheben, mit der Droge genauere Absichten zu verfolgen und vermöge derselben ihre Bewußtseine in Richtung des Schöpferischen zu bereichern.

Frankreich, wenn Sie mir erlauben, dieses Land rasch vorab zu behandeln, leistete dieser Unart entschiedenen Widerstand. Solange der französische Rationalismus dauerte, kam kein Mensch dort auf den Gedanken, sich mit Kräutern den Verstand austreiben zu lassen, auf dessen Besitz die Franzosen ja hielten. Sie speisten das Opium weder unter den Königen noch während der Revolution. Sie speisten es noch unter Louis Philippe nicht. Erst sechzig oder siebzig Jahre, nachdem das Opium in Deutschland eintrifft, kommt es, auf Empfehlung des 1821 erschienenen Sachbuchs von de Quincey, zu Baudelaire und den Franzosen, dann allerdings mit Macht. So wie der Rationalismus bei den Franzosen in der dritten Republik in ungefesselten Irrationalismus umschlägt, so die Enthaltung vom Opium in ungefesselte Opiumsucht und Symbolismus. Sie schluckten Opium (in Gestalt des inzwischen entwickelten Morphiums), Haschisch, Äther und Absinth durcheinander. Es kann einem von dem Gedanken schlecht werden und auch von der Literatur, die sie von da an machen.

Die gesamte deutsche Romantik, so fing ich an, ist eine mutmaßliche Bande von Opiophagen. Hieraus erklären sich sicherlich gewisse Eigenheiten ihrer Poesien.

Die Wirkung von Rauschgift ist ja nicht, daß, der es nimmt, klüger wird, Phantasie entwickelt oder irgendwelchen überindividuellen Geistesquellen sich nähert. Sie besteht vielmehr darin, daß, der es nimmt, glaubt, klüger und phantasievoller geworden zu sein oder an höheren Sphären Anteil zu haben. Die tatsächlichen Äußerungen der Süchtigen sind abgedroschen, von verminderter Vernunft und beeinträchtigter Erkenntnis. Insbesondere mit Kunst haben sie gar nichts zu tun. Die Ergebnisse des Drogenrausches sind so kümmerlich wie die jedes anderen schadhaften Gehirns auch.

Nun waren Klugheit, Phantasie und geistige Draufsicht auch nicht unbedingt die Ziele, welche die deutschen Romantiker anstrebten. Ich denke, sie nahmen Rauschgift als Aushilfe, wo es am echten Wahnsinn mangelte. »Das willkürlichste Vorurteil ist«, schreibt Novalis, »daß dem Menschen das Vermögen außer sich zu sein, mit Bewußtsein jenseits der Sinne zu sein, versagt sei«. Wir bedienen uns des Opiums, sagt Novalis, um besser zu spinnen.

Bewußtseinserweiterung ist ein Gewinn in dem Sinn, worin Herzerweiterung, Lebererweiterung usf. als ein Gewinn sich betrachten lassen. Es ist unbestritten, daß Rauschgift erst dumm macht und dann tötet. Wer es nimmt, muß dumm sein wollen und muß tot sein wollen.

Die deutschen Schriftsteller, die sich mit dem Opium einließen, hatten von der Unschicklichkeit ihres Tuns genug Ahnung, um zurückhaltend darüber zu sprechen. Das erschwert es der Forschung, Beweise beizubringen, wie Forschung muß. Und soweit ich das feststelle, rettet sich die Geschichtsschreibung der Suchtmittel aus ihrer erschwerten Beweislage durch ein entsagendes Verhältnis zu Beweisen. In der Regel kommt sie ohne aus. Sie wirft mit Namen um sich, sehr wenigen und immer denselben. Sie bringt Leute grundlos in Verdacht, beispielsweise Balzac. Sie kümmert sich nicht um geistesgeschichtliche Zusammenhänge; denn unglücklicherweise ist sie eingegliedert ausgerechnet in die Medizingeschichte. Unsere Neugier bleibt von der Forschung so gut wie ungestillt.

Hinzu tritt, daß die Medizingeschichte in bestimmter Hinsicht mit dem Opium tatsächlich befaßt ist. Opium war in den alten Zeiten das einzig erhältliche Schlaf- und vor allem Schmerzmittel. Sokrates wurde mit Schierling hingerichtet, und der Tod durch Schierling tut sehr weh. Ich bin nicht in der Lage, Ihnen unwiderleglich vorzutragen, daß Sokrates ein persischer Agent war, aber klar ist, daß er sich in politischen Rängen bewegte, auf deren Gefühle der Staat Athen Rücksicht zu nehmen hatte. Meinhart H. Zenk lehrt, daß dem Schierlingsbecher des Sokrates Opium beigemengt war, was dem Weisen erlaubte, schmerzlos und philosophisch aus dem Leben abzutreten. Der Schlafgott Hypnos hält Mohnkapseln in der Hand. Zwischen der Anwendung des Opiums als Heilmittel und der Anwendung als Rauschmittel muß scharf unterschieden werden, was oft nicht geschieht.

Von Goethe hat im Jahr 1988 eine Gelehrte namens Margit Kreutel Apothekerrechnungen über Laudanum zum Vorschein gebracht, die bis dahin vernünftigerweise nie erwähnt wurden. Kreutel verschweigt uns, warum sie sie erwähnt. Ich wieder wundere mich, weshalb die neueste Literaturwissenschaft versäumt hat, sich dieses Vorwurfs gegen Goethe zu bedienen.

Gegen Heine hat sie es getan. Heine hätte bei seinem langen Sterben gegen die Schrecklichkeit seiner Qualen sich ohne Opium so wenig zu helfen gewußt wie heute ein Krebskranker ohne Morphium würde. Ihn bei den Opiumessern einzureihen, wie es viele Medizinhistoriker belieben, ist, wie einem Menschen bei seinem Krebstod das Morphium zu verweigern. Ich finde in Heines Werken so wenig Anzeichen für Opiumsucht wie in Goethes Werken. Sollte allenfalls für wahr gelten, daß es eine Nebenwirkung der Arzenei Opium war, die den Dahinsiechenden dazu vermochte, während er starb, den Jehova zu erblicken, sehen wir hieraus doch nur, wie sein großes Heinesches Gehirn selbst über die betrüblichste Nebenwirkung obsiegte. – Das Medikament Opium und die Droge Opium können miteinander zu schaffen haben, daß einer durch die Einnahme des erstern der letztern verfällt. Aber es bleiben doch zwei Sachen.

Ich bin in keiner besseren Beweislage als die Forschung. Aber ein wenig mehr als nichts läßt sich doch sagen. Es gibt vier mögliche Gründe, aus denen die Opiumesser uns Spuren hinterlassen.

– Einer prahlt mit Sünden. So wie Mörder gern beim Schauplatz der Untat sich sehen lassen, haben Schriftsteller, die einem heimlichen Laster huldigen, fast immer das Bedürfnis, durch Winke und Anspielungen das Laster in die Nähe der Erkennbarkeit zu rücken. Aus schlechtem Gewissen rührt oft ein Geständniszwang.

– Einer, der selber den Mund hält, wird Opfer des Klatschs bei Freunden und unterrichteten Zeitgenossen.

– Einer schreibt Vertrauten.

– Einer ist fahrlässig. Ihm stößt zu, daß er in seinem Stil und Wirken Hinweise gibt, die er für versteckt hält.

Ich kann Ihnen als gesicherte Opiumesser Novalis, Schelling, Friedrich Schlegel und E.T.A. Hoffmann vorstellen.

Ruhmredigkeit ist die Eigenschaft, derer, neben den Schlegels, Novalis am wenigsten ermangelt, und keiner bekennt sich so oft und so nachdrücklich zum Opium wie jener für zart geltende Jüngling. »Ohne Ekstase – fesselndes, alles ersetzendes Bewußtsein – ist es mit der ganzen Philosophie nicht weit her«, so renommiert er.

In Aufzeichnungen nennt er das Opium seinen »Rettungsanker«, und er vermerkt: »Gehts ohne Hoffnung oder sonst zu übel, so bleibt mir Bitter-Mandel-Wasser und Opium«.

Er litt unter Geständniszwang nicht nur im Tagebuch. Auch und erst recht im Werk.

In den »Hymnen an die Nacht«, mit denen Sie schon Bekanntschaft haben, wird die »Dunkle Nacht« so angeredet:

> »Köstlicher Balsam
> Träuft aus deiner Hand,
> Aus dem Bündel Mohn.
> In süßer Trunkenheit
> Entfaltest du die schweren Flügel des Gemüts.
> Und schenkst uns Freuden
> Dunkel und unaussprechlich«.

Die Freuden sind so unaussprechlich nicht, daß die Plaudertasche Novalis sie nicht aussprüche. »Heiliger Schlaf« erfreut sich folgender Anrede. »Die Toren« –

> »Sie fühlen dich nicht,
> In der goldnen Flut der Trauben,
> In des Mandelbaums Wunderöl
> Und im braunen Saft des Mohns«.

Wir sind mit des Dichters Apotheke ganz vertraut. Novalis' Nothelfer sind der Schnaps, die Bittermandel (Blausäure) und das Opium. Die Blausäure war ja wohl für den Kreislauf.

Der bei Schelling den Klatsch besorgt, ist ausgerechnet Karl Marx. Schelling, bemerkt er in einem Brief an Feuerbach, hatte zum Denken »keinen Treiber als das Opium«.

Eine Schelling-Anekdote hat mit unserem Gegenstand eigentlich keinen Zusammenhang; sie ist indessen so berühmt, daß Sie sie vermissen würden, wenn ich nicht auf sie zu sprechen käme. August Wilhelm Schlegels Frau, die Witwe Böhmer, hatte von Böhmer eine minderjährige Tochter, Auguste, in die Schelling ein wenig vernarrt war. Als die Fünfzehnjährige erkrankte, behandelte Schelling sie, nach John Brown, mit Opium, und das Kind Auguste starb auch richtig; später heiratete Schelling die Mutter. Natürlich hätte Schelling sich nicht dürfen als Arzt versuchen, aber im übrigen, ich wiederhole es, trägt die Geschichte zu unserem Zweck nicht bei, oder höchstens durch den Umstand, daß die Universität Landshut zwei Jahre drauf Schelling eines Ehrendoktorhutes der Medizin würdigte.

Friedrich Schlegel ließ seine Leute wissen: »Ich hätte mehr Opium nehmen sollen, als ich den ›Alarcos‹ schrieb, dann würde ich mit ihm erreicht haben, was ich gewollt«. Wer den »Alarcos« gelesen hat, weiß, daß Schlegel genug Opium genommen hatte.

Hoffmanns »Elixiere des Teufels«, mit denen Sie ebenfalls schon Bekanntschaft haben, sind überhaupt eine Opiumepopöe; denn die Tropfen des Teufels aus dem Klosterarchiv sind gar nichts weiter als Opium. Die wohlfeile Form der Road Novel ist nicht erst bei Kerouac die Form des Drogenromans. Mehr Form gibt die bekiffte Bewußtseinslage nicht her. Das Opium spielt übrigens in den »Elixieren« zwar die

Titelrolle, aber sonst keine große; es ist nur der *besondere Saft*, mit dem Romantiker sich dem Teufel verschreiben, und wird irgendwann im Verlauf der Erzählung vergessen. Der Anspruch des Werks freilich, den Kampf Satans um eine große Seele dargestellt zu haben, ist durch das Opium stark entwertet. Wenn es eine Gestalt gibt, die dem Doktor Faust einzunehmen nicht erlaubt ist, dann die eines Junkies.

Hoffmann weiß allzu gut, wie man gewohnheitsmäßig zur Droge greift, wie sie den erschlafften User frisch befeuert, und was sie endlich in dessen Hirn anrichtet:

»Eine sanfte Wärme glitt durch mein Inneres. Dann fühlte ich es in allen Adern seltsam arbeiten und prickeln; dies Gefühl wurde zu Gedanken, doch war mein Ich hundertfach zerteilt. Jeder Teil hatte im eignen Regen eignes Bewußtsein des Lebens, und umsonst gebot das Haupt den Gliedern, die wie untreue Vasallen sich nicht sammeln mochten unter seiner Herrschaft. Nun fingen die Gedanken der einzelnen Teile an, sich zu drehen wie leuchtende Punkte, immer schneller und schneller, so daß sie einen Feuerkreis bildeten, der wurde kleiner, sowie die Schnelligkeit wuchs, daß er zuletzt nur eine stillstehende Feuerkugel schien. Aus der schossen rotglühende Strahlen und bewegten sich im farbichten Flammenspiel«.

Wie gut Hoffmann immer glaubt, die Sprache seiner Sucht als dichterischen Schwung und Vorstellungsgabe verhüllt zu haben – Walter Scott hat dieser Art Stellen was abgemerkt. Goethe berichtet über Scotts Urteil:

»In dem Aufsatz, überschrieben ›Das Übernatürliche in fabelhaften Erzählungen‹, hat er von den Werken unseres Hoffmann den Anlaß genommen, seine Gedanken auszusprechen«. Goethe zitiert Scott:

»Fürwahr, die Begeisterungen Hoffmanns gleichen oft den Einbildungen, die ein unmäßiger Gebrauch des Opiums hervorbringt und welche mehr den Beistand des Arztes als des Kritikers fordern möchten«. Und Goethe schließt sich dem Ergebnis des ausländischen Kollegen an, mit tiefem Behagen:

»Wir können den reichen Inhalt dieses Artikels unsern Lesern nicht genugsam empfehlen: denn welcher treue, für Nationalbildung besorgte Teilnehmer hat nicht mit Trauer gesehen, daß die krankhaften Werke des leidenden Mannes lange Jahre in Deutschland wirksam gewesen und solche Verirrungen als bedeutend-fördernde Neuigkeiten gesunden Gemütern eingeimpft worden«.

Es hat beiläufig mit Hoffmann eine eigene Bewandtnis dadurch, daß er außer ein Opiumesser auch ein Alkoholiker war.

Es gab Ende des 18. Jahrhunderts eine Lehrmeinung, es sei das Opium ein Heilmittel gegen den Säuferwahn. Umgekehrt erwägt der Dr. Samuel Crumpe, ein Schüler Browns, die Behandlung der Opiumsucht durch geistige Getränke. Ich kann Ihnen nicht sagen, ob Hoffmann das Opium gegen das Delirium tremens gebrauchte oder den Punsch gegen die Opiumsucht. Was auch Hoffmann gegen was eingenommen haben möge: Natürlich enden alle Versuche, ein Gift mit einem anderen Gift auszutreiben, damit, daß der Befallene als beider Gifte Diener endet. Dasselbe traurige Schicksal einer Doppelsucht war ja auch dem armen Christian Dietrich Grabbe beschieden.

So viel von den vieren, die sich haben erwischen lassen, zwei von denen mit sehr knapper Not. Wäre jeweils ein einziger Brief nicht geschrieben oder nicht gefunden worden, wären Friedrich Schlegel und Friedrich Wilhelm Schelling nicht dabei. Sie wären außer Verfolgung; freilich nicht außer Verdacht, aber doch außer Verfolgung. Unsere Überzeugung, die deutsche Romantik sei eine Literatur von Opiophagen, ist von der geringen Menge der Fakten, die gegen sie vorliegen, nicht geschmälert, und angesichts der Festigkeit dieser Überzeugung haben wir, glaube ich, ein Recht, Konjektur zu machen. Das Opium ruft bei seinem Benutzer Wirkungen hervor, die man erkennt. Zustände der Angst und des Grauens gehören zu den Wirkungen, Verwechslungen der Sinne oder Vorstellungen von verschachtelten, gleichsam Piranesischen Räumen. Wenn wir derartige Wirkungen ausgerechnet bei Mitgliedern einer opiumessenden Vereinigung feststellen, nähert sich der Verdacht schon fast einer Überführung. Ich halte derartige Hinweise für Beweise. Sie können sie gelten lassen oder nicht gelten lassen, so wie Sie eben dürfen und müssen.

Opium macht mit der Zeit impotent. August Wilhelm Schlegel war impotent, da können Sie Heinrich Heine so gut wie Germaine de Staël fragen. Ich konjekturiere: August Schlegel genoß Opium.

Opium macht den Esser unfähig, Wahn und Wirklichkeit zu unterscheiden. Die Exposition von Heinrich von Kleists »Prinz von Homburg« hat schon manchen beunruhigt. Schauplatz ist ein nächtlicher Schloßgarten im absolutistischen Stil. Der Kurfürst von Brandenburg narrt seinen innern Hauptfeind, den Frondeur Homburg, von dem er »weiß, was dieses jungen Toren Brust bewegt«, vermöge einer allegorischen Pantomime, in welcher er demselben den Kranz des Ruhmes und die Hand der Prinzessin von Preußen verspricht; er bricht die Schaustellung mit dem Satz ab: »Ins Nichts mit dir zurück, Herr Prinz von Homburg«. Der Prinz glaubt alles.

Nicht etwa, daß der Prinz eine Halluzination für eine Wirklichkeit nähme, wie es ja jedem von uns ergehen kann. Der Prinz nimmt die Wirklichkeit einer Neckerei für eine wahrsagende Halluzination, wofür man schon nicht wenig verrückt sein muß, und er macht sich stracks an seinen Putsch gegen

34

Friedrich Wilhelm. Eigentlich nur mit einem, der Opium in sich hat, ließe solch ein skurriler Possen sich treiben. Könnten Sie sich vorstellen, Sie ließen sich eine Halluzination vorgaukeln, es sei denn, Sie wären gewohnt, Halluzinationen zu erleiden? Ich konjekturiere: Heinrich von Kleist genoß Opium.

Wobei auch Kleists auffällige sexuelle Verirrungen uns auf die Suche nach einer Ursache schicken. Was das pornographische Fernsehen heute als »Fetischspiele« vermarktet, hat Kleist im »Käthchen von Heilbronn« und der »Penthesilea« verschleudert, in vollständigen Dramen also, und vollständige Dramen erfordern großen ästhetischen Aufwand und sind eine große Sache. Kleist kann natürlich wahnsinnig gewesen sein, das würde die Vorkommnisse auch erklären. Aber ich fühle mich bei meiner Erklärung, die Romantiker hätten sich mittels des Opiums ihren *künstlichen Wahnsinn* verschafft, mindestens ebenso wohl wie bei jener.

Opium macht alle Maßverhältnisse schwinden, es verschiebt sie, und es mißachtet sie. Ludwig Tiecks Märchen »Der blonde Eckbert« ist in der Reclamausgabe, die mir eben vorliegt, zweiundzwanzig Seiten lang. In diesem kurzen Text benutzt der Verfasser vierzehn Mal das Wort »seltsam«, dazu ein Mal das Wort »sonderbar«. Ferner hat er »wunderbar« neun Mal, »wunderlich« sechs Mal und »wundersam« ein Mal dazu. Er hat von diesen elenden Synonymen einunddreißig auf zweiundzwanzig Seiten.

Romantischer Stil ist oft absichtlich schlechter Stil. Die Lyrik dieser Schule arbeitet mit absichtlich schlechten Reimen, das Drama mit absichtlich schlechten Versen. Hierher kann in der Prosa gehören, daß einer aus Streitlust gegen die Pedanterie des »guten Deutsch« vor Wortwiederholungen nicht zurückschreckt.

Aber angesichts der zwanghaften Häufung des Gleichen im »Blonden Eckbert« fragt man doch, ob diese jammervolle Schreibart *absichtlich schlecht* ist, oder ob sie es nicht eher doch unabsichtlich ist, und weil der Autor es nicht besser vermag.

Literatur, wie jeder weiß, behauptet nicht Stimmungen oder Eindrücke, sie vermittelt sie. Sie überläßt dem Kitsch zu erzählen: »Die Gräfin saß in vornehmer Haltung und eleganter Toilette in ihrem geschmackvollen Boudoir«. Daß die Haltung der Gräfin vornehm, ihre Toilette elegant und ihr Boudoir geschmackvoll sei, möge der Leser anhand der ihm gebotenen Schilderungen beurteilen; nicht soll der Autor dem Leser sein Urteil anhand von Zusammenfassungen vorgeben.

Kaum ein Eindruck ist leichter zu erzeugen als der des Romantischen. Wer mit den romantischen Schlagworten derart fahrlässig, eintönig und übers Maß des Annehmbaren hinaus um sich wirft wie Tieck im »Eckbert«, der, denke ich, leidet an einer Schrumpfung des Kontrollvermögens, wie sie nur im Traum, im Schwachsinn oder im Vollrausch möglich ist. Ich konjekturiere, will ich sagen, daß auch Ludwig Tieck Opium genoß.

TROSSWEIBER

Ein romantischer Autor ist ein Autor,
der die englische Literatur gelesen hat,
Opium verzehrt und sexuell von patriotischen Groupies
betreut wird.

Der geheimnisvolle Bereich von Tauschakten zwischen Gütern, die keine Waren sind, hat mich an anderem Ort schon beschäftigt. Es geht hier nicht Wert gegen Wert, sondern Gebrauchswert gegen Gebrauchswert. Wenn das überhaupt Ökonomie sein soll, aber es ist Ausnahmeökonomie, Ökonomie der Mythologie beispielsweise.

Sehr bekannt sind Fälle, die unter der Überschrift *Auslobung der Prinzessin* sich zusammenfassen lassen. Wer den Drachen tötet, erklärt der König, erhält meine Tochter und mein Reich. Beim Drachentöter wird nach Rang, Stand, Herkommen ganz ausdrücklich nicht gefragt. Oft gibt er seinen Namen nicht bekannt.

Bei der ausgelobten Prinzessin fällt kein Wort von Schönheit. Alle Prinzessinnen gelten für schön, und ein Held, der mit einem Lindwurm sich messen kann, wird es wohl mit irgendeiner Prinzessin.

Getauscht wird ein rituelles Wagnis gegen götterbürtiges Geblüt. Getauscht wird Unwiederholbares, also Untauschbares. Beide Teile des Kontrakts sind, könnte ich sagen, »wertlos«. Jedenfalls sind sie unschätzbar.

Der König Salomo erfreute sich an tausend Frauen, und ich frage mich, ob das noch ins Umfeld des Mythos gehört, oder ob es nicht in eine noch ältere Sinnschicht hineinreicht, die biologische. Der entsprechende Gemeinort wäre benamt: *Der Harem des α-Bullen.* In großen Teilen des Tierreiches gibt es

Geschlechtsgenuß ausschließlich für Helden, beispielsweise beim See-Elephanten.

Ich will sagen, Helden und Jungfrauen gehen einander schon an.

Zoologisch oder mythisch, die Fabeln von der Verfügbarkeit der Lieblichen für die Berühmten sind tief begründet, und viele von ihnen verletzen unseren Geschmack nicht.

Ein bißchen peinlich wird es, wenn Gebrauch der Weiber behördlicherseits eingerichtet wird als Löhnung beim behördlicherseits eingerichteten Militär. Von mythischer Arbeit ist keine Rede mehr. Getauscht wird einfache Kriegerarbeit gegen einfache Beischlafarbeit. Auf dieser ökonomischen Grenze zwischen Sagenwelt und Bürgerwelt, denke ich, vollziehen sich die Überlegungen von Tyrtaios, Platon und dem Turnvater Jahn.

Es ist bemerkenswert, daß die lyrische Gattung in den kriegstreiberischen Elegien des Spartiaten Tyrtaios vielleicht ihren Ursprung hat. Er war, sagt man, ein lahmer Schulmeister und hat nur eine Saite auf seiner Leier: Ruhm entsteht aus Schlachtentod. Die Helden seiner Gedichte sind in der Regel tote Helden. »Wenn aber einer entrann dem Rachen des grausamen Todes«, die einzelne Ausnahme *eines* davongekommenen Soldaten gesteht er zu, »wird er von allen geehrt« und »Freude erfährt er zuhauf«. – »Lebend« nämlich »wird er von Männern bestaunt, von Frauen umworben«.

Waffenlust und Tapferkeit machen laut dem Tyrtaios den überlebenden Helden zum Hahn im lakedämonischen Korbe.

Um dem Tyrtaios in dieser Sache folgen zu können, ist Platon bereits gezwungen, zuvor den Schicklichkeitsbegriff abzuschaffen. Er fordert das Nacktturnen auch für Mädchen und verlangt überhaupt die Weibergemeinschaft in den gehobenen Ständen. Um sich nicht die Frage der Hurerei stellen zu lassen, stellt er die Frage nach dem Anstand nicht mehr. Dann geht er in die Vollen. »Wer sich aber hervorgetan und rühmlich ausgezeichnet hat«, läßt er seinen Sokrates hebammenkünsteln, »der muß doch wohl einen jeden küssen und wieder geküßt werden?« Und seine Zuhörer bringen sofort ein Gesetz ein, »daß während der gesamten Dauer des jeweiligen Feldzuges keiner, den er küssen will, es ihm abschlagen darf«.

Jeden? Keiner? – Nun ja, Platon macht zwischen den Geschlechtern keinen überflüssigen Unterschied. Auch nach der Autorität der Autoritäten, Homer, »ist es recht und billig«, so Sokrates weiter, »die Tüchtigen unter den jungen Männern derartiger Ehren teilhaftig zu machen. Denn Homer sagt, Aias sei nach rühmlicher Auszeichnung im Kampfe ›mit langausreichendem Rücken geehrt worden‹, offenbar weil ihm das für einen jugendlich-kräftigen und tapferen Mann als natürlichste Ehrung erschien«.

Der »langausreichende Rücken« in dieser Stelle des Siebenten Gesanges der Ilias sollte nach einigen Erklärern als ein gebratener Stier verstanden werden. Ich fahre aber fort, die Sache für ein wenig zweideutig zu halten. »Die Weiber«, so faßt es Friedrich Ludwig Jahn zusammen, »sprechen dasselbe in unseren Tagen, wenn auch nicht wörtlich nach, doch deutlich durch Gunstgewährungen. Wer in Wehr und Waffen erscheint, wird ihnen bald lieb«.

Wo Gruppen von Helden sexuell vergütet werden, nennt man die Preisjungfern und weiblichen Rangabzeichen Gruppis (oder, sprachgewandter, Groupies).

So viel eingangs und zur ökonomischen Grundlegung. Wir kommen auf die Ehrungen zu sprechen, die das schöne Geschlecht für die Sieger der Romantischen Schule vorgesehen hatte. Dabei denken wir nicht etwa an solche Romantiker-frauen, die mit einem Romantiker verheiratet sind, sich von ihm scheiden lassen und einen neuen Romantiker ehelichen. Wenn das keine Regelfälle sind, aber es sind doch auch noch keine Ausnahmen.

Solche romantischen Mehrfachehen gingen die Frau Caro-line Böhmer ein, die erst August Wilhelm Schlegel und nach dem Friedrich Wilhelm Schelling nahm, oder die Frau Elise von Ahlefeldt, die zur Frau Majorin Ludwig Adolf Wilhelm von Lützow und nach der zur Frau Karl Lebrecht Immer-mann wurde. – Aber wer ist Immermann? Es hat doch jeder irgendeine Kleinigkeit gemacht, die man auf der Tafel an sei-nem Geburtshaus erwähnen kann: Friedrich Fouqué die »Undine«, Heinrich Clauren die »Mimili« und Emanuel Gei-bel »Der Mai ist gekommen«. Bloß Immermann, wozu zum Teufel war der gut? Und wenn nicht Heine eine Zeitlang mit ihm hätte verkehren mögen, wäre er uns am Ende ganz abhan-den gekommen. Nach Lützow also noch Immermann. – Auch wohl die Frau Cosima d'Agoult ließe sich aufzählen, die die Frau Kapellmeister Hans von Bülow und anschließend die Frau Tondichter Richard Wagner abgab.

Wir haben hier nichts Verhaltensauffälliges, obgleich es in anderen Strömungen der Dichtkunst minder üblich ist und irgendwie auch wieder an das Schlegelsche Fragment von der progressiven Universalpoesie erinnert: »Die romantische Poe-sie will und soll das Leben und die Gesellschaft poetisch machen«. Eine Beschreibung des jeweiligen Gattinnentyps, der sich den unterschiedlichen literarischen Richtungen zuordnen läßt, wäre eine reizvolle Aufgabe, ist aber heute nicht meine. Die Typologie der romantischen Gattin läßt sich jeden-falls kurz und erschöpfend so darstellen: Die romantische Gat-tin las die Werke ihres Gatten und wechselte ihn häufig.

Die Rede soll also vielmehr im Folgenden sein von zwei vermählten jungen Damen, welche sich den Männern von der romantischen Richtung zum Zweck des außerehelichen Geschlechtsverkehrs zur Verfügung stellten. Sie taten es ziemlich kostenlos, wobei in dem Wort »ziemlich« gewisse finanzielle Bedrohungen einbegriffen sind, die, anders als bei käuflichen Weibspersonen, oft erst Jahre später sich tätlich auswirkten. Die Namen sind:

Johanna Motherby und Pauline Wiesel.

Preußen hatte 1806 den Krieg gegen Napoleon verloren und zerfiel seither in zwei Landesteile, einen besetzten und einen unbesetzten. Beide Landesteile hatten ihre Hauptstadt. Die Hauptstadt des besetzten Preußen war Berlin, die des unbesetzten Königsberg; hier hielt der König sich auf und hatte die verdächtigen unter seinen Anhängern um sich versammelt. Das politische Zentrum Königsberg wird erotisch vertreten durch Johanna Motherby, das politische Zentrum Berlin wird erotisch vertreten durch Pauline Wiesel, und das Eigentümliche an beiden ist das, daß jede von ihnen die Stadt, die sie vertritt, voll und ganz vertritt.

Pauline Wiesel war, im Gegensatz zu allen anderen Romantikerinnen, eine Schönheit. Ihr Aussehen war bildhübsch, von ihrer Leibsgestalt sagen jene, die es wissen, nur Vorteilhaftes. Ihr Reiz scheint unwiderstehlich gewesen zu sein und zwar auf eine eindeutig berlinische Art. Eine Gesichtsprägung einem Herkunftsort zuzuordnen, bleibt immer bedenklich; es bedeutet mit Sicherheit nicht, daß die Leute an jenem Orte so und so aussehen. Was es wohl bedeutet, ist, daß, wenn man ein bestimmtes Gesicht treffen will, man es am ehesten dort trifft. Ich würde mich nicht trauen, Pauline Wiesel so festzulegen, gäbe es nicht Rahel Levins Zeugnis von ihr: »Nichts drückt

mir so Berlin aus! Und ich behaupte sogar, nur ein einge-
fleischter *Berliner* vermag sie ganz aufzufassen«. Wir wissen
auch, wie sie sprach. Für gar nicht sagte sie jarnich; wir wissen es; denn sie schrieb es so.

Wie Pauline Wiesel vom berlinischen Schlag war, war
Johanna Motherby vom ostpreußischen. Sie war ein fettes,
kleines, aufgeregtes Ding, schwarzhaarig, stumpfnäsig und mit
runden Kulleraugen. Ihr Liebhaber Wilhelm von Humboldt
berichtet seiner Gattin Karoline von der »sehr guten und klu-
gen, aber gar nicht hübschen, eigentlich häßlichen Doktorin
Motherby«.

Nun wird kein halbwegs verständiger Ehebrecher verfeh-
len, seine Frau der Unansehnlichkeit der Nebenbuhlerin zu
versichern, aber auch Karl August von Varnhagen findet sie
dick und kurz gewachsen und spricht, ganz wie Humboldt, von
ihren »eher häßlichen als schönen« Zügen. Ihr letzter Ge-
mahl, der Arzt Dieffenbach, kündigte seinen Verwandten das
neue Familienmitglied mit dem sinnigen Bekenntnis an: »Mein
Weib ist nicht jung, nicht schön, nicht reich; aber eben weil
ihr das alles abgeht, werdet ihr umso gewisser überzeugt sein,
daß ich sie liebe«.

Um die Mitte ihrer Dreißiger herum war auch Pauline
Wiesel korpulent geworden. Es war das wohl Frauenlos im
Biedermeier, und sie verkaufte sich nur noch mit Mühe.

Wiesels Gatte und Zuhälter war der Rentier und preußische Kriegsrat Christian Wilhelm Andreas Wiesel, der an der
Ausleihung seiner Gemahlin an Herren offenbar mehr als nur
pekuniäres Vergnügen gewann. Er ist ein rätselvoller Erden-
gast, der ihr bald abhanden kam und sich davonmachte. Der
häufigste Satz in ihren Briefen lautet: »Lebt Wiesel noch?« Sie
warf ihm vor, mit ihren »Interessen« durchgegangen zu sein.
»Interessen« heißt Zinsen. Es gelang Pauline, ihre frühen Bei-

schläfer noch im hohen Alter auszunehmen; Wieseln allein war sie nicht gewachsen. Ich bin es auch nicht. Er war mit Adam Müller befreundet, mehr hat keiner über ihn herausgefunden.

Motherbys Gatte, der Doktor William Motherby, war kein Zuhälter. Er war auch entschieden kein Romantiker. Er leitete in Königsberg die Impfung mit Kuhpocken. Er war ein Heim- und Eheflüchtling, der, als Mediziner, Philosoph und Philanthrop ausgezeichnet, alles tat, um Johannas seelenvollem Geschnatter zu entrinnen. Er nutzte, kann man sagen, seine reichen Verdienste, um abends nicht nach Hause zu müssen. So erfuhr er nicht, wenn sie mit Bekannten, mehr ihren als seinen, schlief, wollte es auch nicht erfahren. Wenn sie ihn zwang, es zu erfahren, stellte er sich verletzt.

Auf eine Weise waren beide, Wiesel und Motherby, *einverstandene Hahnreie*. Der Unterschied zwischen ihnen bestand darin. Motherby war das Geschlechtsleben seiner kräftezehrenden Eheliebsten völlig gleichgültig, je weniger er davon hörte, desto lieber war es ihm, während Wiesel Paulines Fehltritte in die Wege leitete und Unterhaltungswert in ihnen fand.

Eine Eigenheit hatten Pauline und Johanna gemeinsam: Beide verfügten über Freundinnen in höheren Parteikreisen.

An Johanna Motherbys Seite finden wir die Frau von Barckley, mit der sie sich eine Zeitlang den patriotischen Sänger Max von Schenkendorf teilte, und die Frau Elise von Ahlefeldt, die nachmalige Lützow. Die Fittiche über diesen ganzen Klüngel hielt die großmächtige Barbara Juliane von Krüdener. Krüdener verbrachte ihre besseren Jahre in Paris und in Lausanne, wo sie den Emigrés den *Shawltanz* vorführte.

Nach ihrer Bekehrung zum Mystizismus verkehrte sie mit der Frau von Staël und der Königin Luise. Die Kokotten des

Directoire werden fürchterlich, wenn sie auch noch religiös oder völkisch werden. »Eine dem Mystizismus ergebene Frau«, mit diesen Worten erwähnt sie der Freiherr vom Stein, »die in unmittelbarer Verbindung mit der Gottheit zu stehen glaubt«. Wir erinnern uns alle, wie ihr gelang, während des Wiener Kongresses Zar Alexanders Rasputin zu werden, ob sie das Fachwort »Heilige Allianz« nun erfunden habe oder nicht.

Es läßt sich beobachten, daß Krüdener, von fern und von nah, Motherbys Lebensgang überwachte.

An Pauline Wiesels Seite finden wir als lebenslange und einzige Freundin die Rahel Antonie Friederike Levin, besser bekannt unter dem Namen ihres späteren Mannes als Rahel Varnhagen. Das Verhältnis ist ein nur scheinbar verblüffendes, in Wahrheit das abgedroschenste: Rahel ist die häßliche Vertraute, welche von der strahlenden Kurtisane geduldet wird und froh ist, wenn von derem verruchten Glanz auf sie abfließt.

Von Klasse her sind sie nicht ungleich, gehobenes Berliner Bürgertum. Ihr Stand verlieh beiden den Anspruch, einzuladen und eingeladen zu werden, aber beider Anspruch wohnte eine Störung inne. Rahels Vater machte in Juwelen und war reich, aber Rahel hatte die falsche Religion, und der Bankierstochter Pauline fehlte, seit sie fünfzehn war, die Jungfernschaft. Rahel gab sich viel mehr Mühe, ihren Schaden wettzumachen, als Pauline, der der Sinn fürs Schickliche in beklagenswertem Maße abging. Rahel war Jüdin und kaum hübsch, und sie bekämpfte diese Nachteile, indem sie Selbstbewußtsein und Redefertigkeit entwickelte, Eigenschaften, mit denen sie die schöne Pauline beeindruckte.

Rahels Drang nach Geltung war ungeheuer, und die höchste Geltung erzielt man im Zentrum der antisemitischen

Kreise. Rahel wollte bei den Antisemiten geachtet sein. Sie wurde folglich Antisemitin und ließ sich geduldig vom Prinzen Louis Ferdinand als »die kleine Levi« oder von Friedrich Gentz als »eine gemeine Juden-Creatur« oder auch von Wilhelm Humboldt als »eingebildetes Judenpack« bezeichnen. – Die Freundschaft der Pauline und der Rahel spielte sich nach ihrem Anfang in der Mädchenzeit brieflich ab. Die Briefe handelten in der Regel davon, daß man sich bald einmal treffen müsse. Persönliche Begegnungen zwischen den einstigen Spielgefährtinnen hätte die Freundschaft nicht ausgehalten und hielt sie, als sie sich als ältere Damen noch einmal trafen, nicht aus.

Ob wir die Sektenmadame Krüdener oder die Halbweltintellektuelle Levin betrachten, es ist offenbar, daß die romantische Partei mittels deren wohlwollender Teilnahme und besonnener Lenkung die erotische Unbefangenheit der Pauline Wiesel und der Johanna Motherby auf eine gewisse Ebene der Idealität hinaufhob. Die Partei wußte, was diese Frauen, die Berlinerin und die Königsbergerin, taten, zu schätzen. Sie geleitete sie auf ihrem patriotischen Weg durch die vaterländischen Betten.

Pauline Wiesel wurde im Jahr 1778 als Pauline Cesar geboren; denn sie stammte von Hugenotten. Ihre Taufe begab sich im Berliner Dom. Ihr Vater, Karl Philipp Cesar, war Direktor der königlichen Bank in Berlin. Leider starb er früh und ließ Paulines Mutter mit den Töchtern zurück. Im Salon der Damen Cesar drängelten sich die Herren, die bald auch um der jüngsten Tochter willen kamen. Allzubald kamen sie nur mehr wegen der Tochter. Der eitle schwedische Diplomat Karl Gustav von Brinckmann, ein Salonlöwe, der Friedrich Schleiermacher und Friedrich Schlegel mit einander bekanntgemacht hatte und eine unendliche Zahl von Briefen von unendlicher Länge mit Friedrich Gentz wechselte, nahm sich des allerliebsten Backfischs an. Er war selbst matt von Lenden, aber er lehrte sie, was er wußte. Dieses Verhältnis dauerte bis zum Ende ihres Lebens.

Schon kurz drauf wurden Paulines Bekanntschaften minder unverbindlich. Ihr erster und wichtigster Liebhaber war der Domherr und Mainzer Diplomat Hugo Graf Hatzfeld. Später mischte sich Paul Andrejewitsch Schuwaloff, Adjutant Alexanders I, ins Spiel.

Andere Namen, die zu nennen lohnt, sind: Friedrich Gentz, von dem der Leser dieser Schrift zu erfahren verlangt, daß er Burkes gotischen Essai sehr formgewandt ins Deutsche übersetzte, Karl von Nostitz, Adjutant Louis Ferdinands, und der preußische Diplomat Peter Roux. Wilhelm von Humboldt war ein Feigling, und Alexander von Humboldt war homosexuell, aber auch diese Brüder fehlen nicht auf der Liste. Anscheinend, wie die meisten Prostituierten, zog Pauline Wiesel solche Freier vor, die ihr möglichst wenig körperliche Gunstbeweise abverlangten oder gar gewährten. Es ist außer Brinckmann besonders Gentz, auf den wir hier anspielen.

Auf den Prinzen Louis Ferdinand komme ich noch gesondert.

Der Zauber ihrer Stimmungen und ein romantischer Zeitgeist halfen Pauline zunächst, ihre gesellschaftliche Stellung durchzuhalten. Über Jahre galt sie für originell statt für verloren.

Paulines Leben im Abriß. 1793 bis 1803 sind ihre Männer Diplomaten oder Militärs von der antifranzösischen Allianz, Preußen, Österreicher, Russen. Von 1804 bis 1806 gehört sie Louis Ferdinand. Von dessen Tod und Preußens Niederlage bei Jena an ist ihr Geld zu Ende, und sie blüht nicht mehr lang.

1807 und 1808 geht sie durch die Hände der Besatzungs-truppe. Ab 1808 versucht sie sich in Paris, wo sie durchreisen-den alten Berliner Freunden auflauert oder ein paar Zuschüsse von ihrer Mutter erbettelt. Sie war zu robust, um ganz unglücklich zu sein, aber ihre ewige Sehnsucht galt Wieseln und ihren von ihm unterschlagenen Interessen. 1811 legt sie ein italienisches Jahr als Reisebegleiterin ein. Ab 1816 gibt sie sich mit ein paar bescheidenen französischen Ehen zufrieden.

Paulines große Liebe oder großes Geschäft war Louis Ferdinand; denn das kann ich nicht verschweigen: Pauline Wiesel war keine Liebende, sie war eine Geschäftsfrau. Ihr Briefwechsel mit dem Prinzen, gerade weil er Liebesbriefen ähnelt, zeigt, wie eiskalt Wiesel als Flittchen verfuhr. Ihr Metier ist die Laune, die gute und die schlechte. Sie quält diesen Mann. Sie beteuert Hingabe, um die Beteuerungen wieder zurück-zunehmen. Sie fordert Geld. Sie fühlt nichts. Wie sie den Louis, der ja weiß Gott kein ungeübter Roué ist, am Bändel hat, das ist Facharbeit, und man kann unsere Heldin selbst für eine ausgehaltene Frau zu abgebrüht finden.

Der Prinz befand sich vor der Jenaer Schlacht in nicht geringer Bedrängnis. Er unterhielt neben Pauline Wiesel eine zweite Maitresse, ein ländliches Mädchen namens Henriette Fromm aus Gut Schricke bei Magdeburg, und ihm war nahe-liegend erschienen, die beiden Geliebten miteinander zu befreunden. Sie gehorchten seinem Willen und hielten ihn dadurch erst recht in Atem. Er leitete einen Staatsstreich gegen seinen König Friedrich Wilhelm III, den Enkel seines Onkels, den er mit Hilfe Steins, Scharnhorsts, Rüchels, Gentz', Radziwills und des anderen Enkels seines Onkels, des Prinzen Wilhelm, vom Thron zu stürzen beabsichtigte. Er litt im Biwak, in dem er 1806 stand, an unerträglichem Zahn-weh, und er schrieb Pauline unglückliche Briefe; denn er zeigte, wie Männer pflegen, seinen Beischläferinnen gegenüber Spuren von Gefühl.

Er schreibt etwa:

»Jedoch eines möchte ich mir erklären! – sobald ich von dir einen Brief bekomme, den ich mit so sehnlicher Ungeduld erwarte, so bin ich in einer Spannung, in einer Angst, die sich nicht beschreiben läßt! – Und doch glaube ich deiner Liebe – und auch nicht der entfernteste Zweifel ist in meiner Brust«.

Und die Holde erwidert:

»Schick Geld ich habe keinen Sus und bin Alles Schuldich«.

Sie fragen sich und mich schon lange, was denn an Pauline Wiesels Umgebung das eigentlich Romantische sei. Louis Ferdinand macht zum hervorragenden Vertreter der Romantik nicht, daß er das Pianoforte schlug und romantische Kammermusik komponieren konnte, sondern daß er Friedrich Wilhelm III absetzen wollte. Die Romantik ist die Partei, die Friedrich Wilhelm III absetzen will. Als solche ist sie dargestellt im »Prinzen von Homburg«.

Die Kreise, in denen Wiesel sich bewegt, sind der Staats- und Militärdienst, die deutsch-russische Diplomatie, der Zusammenfall von Bohème und Fanatismus, die Fronde als Szene. Nicht das Musische macht diese Szene romantisch. Nicht das Musische, um einmal streng zu sein, macht schließlich die Romantik romantisch. In der politischen Romantik, die den harten Kern der Richtung und des Begriffs darstellt, ist Pauline Wiesel als Verschwörerbraut tätig.

Hier ist ein Anhang am Platze, Paulines Freundin Rahel betreffend. Nicht viele wissen, daß das Judenmädchen, bevor sie 1814 in die christliche Religion eintrat und ihr gelang, einen ihrer Liebhaber, den preußischen Diplomaten Karl August Varnhagen von Ense (Schüler von Schlegel, Fichte und Schlei-

ermacher und nicht minder Adjutant des berüchtigten öster-
rcichisch russischen Streifkorpsgenerals Friedrich Karl von
Tettenborn aus Baden, über den er historische Werke verfaßte) vor den Altar zu schleppen, sich ihrerseits als Soldaten-
weib und Lagerhure versucht hatte. Es sind vor allem zwei
Freier, die sie vorsichtig genug war, als Bräutigame zu bezeichnen, und unvorsichtig genug, sich Hoffnungen auf sie zu
machen.

Welche sind die niederträchtigsten Namen in Preußen, die
verächtlichsten Namen junkerlichen Dünkels bis auf den heutigen Tag? Von der Marwitz und Finck von Finckenstein, das
sind die Namen. Rahel Levins Liebhaber waren Alexander
von der Marwitz, Friedrich August Ludwig von der Marwitz'
Sohn, und Karl von Finckenstein, Friedrich Ludwig Karl von
Finckensteins Bruder. »Der Verrätherische Finckenstein«, so
klagte Rahel am 20.4.1811. Und fuhr unverdrossen gegen
Napoleon und für die preußische Offiziersromantik zu kämpfen fort; solcherart beschaffen war ihre Geistigkeit, auf die
noch heutigen Tags viele viel halten.

Johanna Motherby wurde im Jahr 1783 als Johanna Charlotte
Thielheim, Tochter eines Handwerkers, in Königsberg geboren. 1806 heiratete sie den Arzt William Motherby dortselbst.
1807 entstand dem Paar ein Kind, 1808 ein zweites. Johannas
große Zeit begann, als in ihre entlegene Provinz der preußische Hof einrückte wie ein Trupp von Sternenmenschen. In
dem Augenblick, wo Pauline die Kunden ausblieben, wuch-
sen sie Johanna zu. 1809 passierte Wilhelm von Humboldt,
der vorgesehene Staatssekretär für Kultusangelegenheiten, die
Hansestadt und vertrieb sich die Zeit, die er über seine Verwendung beim Staate verhandelte, mit der unerfüllten Haus-
frau. Die Sache begann im April und endete im Dezember.

Humboldt reiste ab, und die Liebenden traten in eine lange Korrespondenz ein. Humboldts Briefe waren philosophischer Natur, sie handelten über die Ruhe der Seele und die Unvermeidlichkeit des Abschieds. Mehr als seine Philosophie schützte ihn, daß er verheiratet war.

Ernst Moritz Arndt reiste aus Rußland an 1813. Die Zeit ihrer Leidenschaft währte sechs Wochen.

Johannas Szene also waren die vor des Königs Rückkehr nach Berlin in Königsberg durchziehenden Politiker. Königsberg war in den Jahren stark überlaufen. Kein Königstreuer und kein Königsmörder, in dessen Lebensplänen eine Königsbergfahrt fehlte. Auch Humboldts und Arndts gelegentliche Beschäftigung mit geistigen Dingen ist es nicht, was sie zur Führung des Titels Romantiker berechtigt; auch sie sind, wie Pauline Wiesels Herrenbekanntschaften, Romantiker, indem sie Diplomaten sind. Humboldt versuchte es eben mit dem königlichen Kabinett, wo man ihm kaum traute. Arndt befand sich als Leibsekretär des Freiherrn vom Stein an der Spitze des Befehlsstabes der politischen Romantik.

Die Briefwechsel mit Arndt und Humboldt erforderten Vorsichtsmaßnahmen. Humboldt schickte seine Post an Johanna über einen alten Kriegsrat, der bei den Motherbys zur Untermiete lebte. Johanna schickte ihre Briefe an Arndt über den Buchhändler Georg Reimer, den wir oben schon, und nicht leichthin, als einen *Agenten* bezeichnet haben. Übrigens war der Briefwechsel mit dem Junggesellen Arndt so beschaffen, daß Johanna oft und feurig schrieb und Arndt selten und zögerlich antwortete. Dann erfolgte Johannas Schlag. Sie kam Arndt besuchen.

Pauline Wiesels Briefwechsel war so umfangreich, weil den meisten ihrer Briefe eine Rechnung beilag. Bei Johanna Motherby hingegen konnte einem zustoßen, daß sie einem quer durch ganz Deutschland nachgereist kam und geheiratet werden wollte.

Ihre Freundin Barckley und ihr Freund Schenkendorf hatten die Krüdener nach Baden begleitet und in Karlsruhe ein Haus bezogen. Unter dem Vorwand, die alle wiedersehen zu wollen, hatte Johanna Motherby im Mai 1814 Ostpreußen verlassen, sich aber nach Frankfurt gewandt, wo Arndt für die Steinsche Verwaltung arbeitete. Arndt vermochte, sie etwas außerhalb Frankfurts, in Rödelheim, unterzubringen. Sie sahen sich, aber nicht oft. Arndt mußte mit dem Dr. Motherby ein paar peinliche Briefe tauschen, worin er sich als Ehrenmann zeigte und auf die Gattin des Gatten verzichtete. Dann, Anfang August, gab sich Johanna geschlagen und ging nach Königsberg zurück.

William Motherby ließ sich 1822 von Johanna scheiden. Sie heiratete den Königsberger Dr. Johann Friedrich Dieffenbach, der 1819 als Demagoge auffällig geworden und im übrigen als ein geachteter Arzt und der Begründer der plastischen Chirurgie hervorgetreten war. Er wurde später in Berlin der Arzt Karoline Humboldts, so daß die Ehepaare Humboldt und Dieffenbach in Verkehr mit einander gerieten, Wilhelm und Johanna ihrer Fehltritte immer eingedenk oder vielleicht auch nicht eingedenk; ihr kleiner Zwischenfall war nun unterdessen auch schon wieder Jahrzehnte her. Wir wissen nicht, wie Johanna fertigbrachte, unter den Medizinern immer wieder die bedeutenden Wissenschaftler herauszuwählen. Sie scheint über die höchst weibliche Gabe verfügt zu haben, bei Männern fachliche Kompetenz zu wittern.

Johanna begann, sich mit der Gräfin Elisa Ahlefeldt-Lützow-Immermann zusammenzutun. Als Johanna auch von Dieffenbach und Elisa auch von Immermann abgelegt waren, hausten sie in einer Wohnung am botanischen Garten zu Berlin, führten einen gemeinsamen Salon und fuhren fort, bis in den Vormärz hinein die Romantik auf eine etwas weniger atemlose und gleichsam nachsommerliche Weise zu fördern.

Soweit Pauline Wiesels und Johanna Motherbys Geschichte. Nur ein Hinweis noch, den wir lohnend finden.

Johanna Motherby war keine Ausnahme, als sie 1814 den deutschen Südwesten bereiste, um dort ihren Freundinnen Barckley und Krüdener und ihrem Liebhaber Arndt zu begegnen. Pauline Wiesel hielt sich in Paris auf und blieb selten weit vom Schuß. Ihre Freundin Rahel residierte mit Varnhagen in Karlsruhe, und die Mehrzahl ihrer Liebhaber eilte geschäftig zwischen Paris und ihren verschiedenen Regierungssitzen hin und her. Diese Häufung alter Bekannter auf einem völlig neuen Schauplatz ist kein Zufall.

Ab Anfang 1814 nämlich bildete Preußen, nach dem nichtbesetzten Königsberg und dem besetztgewesenen Berlin, ein drittes patriotisches Zentrum aus: das von Preußen besetzte Frankfurt am Main. Dort hat der 1813 eroberte Rheinbund unter preußischer Fremdherrschaft seine »Centralregierung« und seine Hauptstadt. Die romantische Völkerwanderung, die nach 1806 von Berlin nach Königsberg, Petersburg und Prag ostwärts sich bewegt hatte, flutete nun wieder zurück und schwappte in den südlichen Westen. Preußen ergoß sich in seine neuen Länder.

Es gibt fast keinen Patrioten, der sich in den Jahren dort nicht herumtreibt. Dort saßen der Freiherr vom Stein, seine Presseoffiziere, seine Romantiker und seine Spione. Sie alle genießen, in der Form oder der, ihre Buschzulage. Es ist schier unerträglich, wie obenauf sie alle plötzlich sind.

Friedrich Karl von Tettenborn, der *Dieb von Hamburg*, besorgt in Frankreich die militärische Koordination unter den

Siegermächten, zecht und feiert und ist nicht unhöflich zu unseren ihm wohlbekannten Damen.

Der anglo-russische Spitzenagent Karl Justus Gruner entschlüpfte seinem Gewahrsam in der ungarischen Festung Peterwardein und trat die preußische Regentschaft im Herzogtum Berg an. Später gouvernierte er das ganze Generalgouvernement Mittelrhein, beschäftigte auch den Joseph Görres für Unterrichtssachen.

Pauline Wiesel an Rahel über Schuwaloff: »Ich liebe die Rache und Er der Verführer nahm mich auf mein Bestes zu der Zeit, ich will Heute Sein bestes Geld. Geld da rette ihn kein Kaiser vor«. (Paris, 18.9.1815).

Rahel an Pauline Wiesel: »Schlegel seh ich öfter. Sie kennten ihn *nicht*, so dick ist er«. (Frankfurt am Main, 15.12.1815).

Man traf sich und traf sich, liebte und neckte sich.

Selbst Goethe begegnen wir 1814 und 1815 in der Umgebung von Frankfurt, freilich als Gast des alten Freundes und illuminatischen Logenbruders Johann Jakob Willemer. Die beiden Parteihäupter der Klassik und der Romantik, Goethe und Stein, demütigten sich so weit, daß sie mitsammen eine Kutschfahrt durchstanden, ohne sich an die Kehle gehen zu dürfen. In Tagen wie den unseren würde man ihnen den Friedensnobelpreis verliehen haben.

Es geht her wie bei einem Operettenfinale. Alle Darsteller finden zu einander und drängeln sich an der Rampe.

KRYPTEIA

Ein romantischer Autor ist ein Autor,
der die englische Literatur gelesen hat, Opium verzehrt,
sexuell von patriotischen Groupies betreut wird und
Karl Justus Gruner zum Führungsoffizier hat.

Zum Verständnis: Krypteia, das ist die geheime Polizei im alten
Sparta, welche die Beseitigung gefährlicher Heloten zur Aufgabe hatte. – Um aber dort zu beginnen, wo ich beginnen
wollte: Am 21.11.1811 erschoß der Dichter Heinrich von Kleist
sich und eine Bekannte, die Gattin eines Mitglieds der christ-
lich deutschen Tischgesellschaft, nahe einer Ausflugsgaststätte
bei Berlin. Ich möchte nicht gern verantworten, die Frau Henriette Vogel ein Groupie zu nennen, aber letzten Endes ist sie
nichts Besseres. Die Gründe von Kleists Selbstmord haben
viele beschäftigt, und die Antworten auf die Frage nach den
Gründen sind so reich an Zahl wie tief an Fühlen. Der eigentliche Grund der Tat kam erst 1990 heraus und war folgender.
   Kleist dichtete für den englischen Geheimdienst. Kleists
Führungsoffizier, Karl Justus Gruner, hatte dem Autor einge-
redet, seine Geheimdiensttätigkeit zugunsten des Foreign
Office geschehe mit Billigung des preußischen Regierungs-
chefs, des Fürsten August von Hardenberg. Als der genas-
führte Kleist herausfand, daß der Kanzler nicht nur nichts
wußte, sondern voll auf Seiten der Gegenpartei stand,
erkannte er, daß er karrieretechnisch umsonst gedichtet hatte.
Er war geschäftlich am Ende, er hatte keine Aussicht mehr,
seinen Lebensunterhalt zu bestreiten, ihm blieb nur die Kugel.
Er machte Schluß, mit Preußen und mit sich.
   Die Beweise für diesen Hergang danken wir einem Gelehrten von, wie ich finde, kopernikanischem Rang, dem Profes-

54

sor Otto W. Johnston von der Universität von Florida. Man muß zugeben, daß über die Ursachen von Kleists finaler Landpartie tausende von Mutmaßungen umlaufen. Man sollte annehmen, daß jedermann dem Professor Johnston für den Abschluß des Falls Kleist Dank spenden würde. Das Gegenteil trat ein. Johnstons Nachricht hat in Deutschland so viel Anerkennung erfahren wie Kopernikus' Nachricht im Vatikanstaat. Ich rate dem Professor Johnston, falls er denn hiervon hört, sich bei der Benennung *kopernikanisch* nicht geschmeichelt zu fühlen. Kopernikanisch nennen wir hier eine Entdeckung, die nicht weniger als zweihundert Jahre benötigt, um zur Kenntnis genommen zu werden.

Es gab vor Otto W. Johnston keinen, der Kunststile unmittelbar auf Geheimdienstordres zurückführte, und keine andere Methode überschüttet die Literaturwissenschaft mit so stolzen und einleuchtenden Ergebnissen. Aber auch Johnston hatte Vorgänger in der Kleistforschung. Ich erwähne die Namen. Es sind Reinhold Steig und August Fournier. Auf ihrer Vorarbeit bauend, gelang ihm, Kausalität in die Ästhetik zu bringen. Die Bewegungen der Künste richten sich nach Rundschreiben aus gewissen Bureaux. Das »Wesen des Dichtwerks« ist oft die Anleitung eines Abteilungsdirektors.

Bis Johnston waren wir gewohnt, Stil als eine Überbauerscheinung von den Erzeugungsverhältnissen abzuleiten, was nicht ohne Zwischenschaltung langer Vermittlungsketten möglich war. Diesem klassischen Verfahren gegenüber wirkt das Johnstonsche oft ein wenig ungeschlacht. Es scheint unter der Erklärungshöhe des historischen Materialismus zu liegen.

Das stimmt aber nicht, sofern wir uns klarmachen, daß Johnstons Formel ausschließlich für zwei Abschnitte der Geschichte gilt, die nämlich, in welchen der Epochenwiderspruch einen geistigen Anteil hat. Es werden dann auch die Kampfformen geistig beschaffen. Ideologische Diversion hat Sinn nur in ideologischen Kriegen, in denen es auf die Meinungen der Kriegführenden ankommt, deswegen, weil sie auf beiden Seiten zugleich potentielle Bürgerkriege sind. Besagte zwei geschichtliche Abschnitte liegen in den Umfeldern der beiden großen Revolutionen, der französischen und der russischen. In solcher Art Zeiten wird die Spionage philosophisch und ästhetisch beredt. Der »Prinz von Homburg« übrigens, das Stück, an dem Kleist starb, ist sein konterrevolutionärstes, sicher nicht sein schlechtestes.

In allen anderen Epochen gelten für das Zustandekommen von Kunst dieselben Gesetzmäßigkeiten wie bisher.

Um einfach und gegenständlich zu reden: Die revolutionäre Literatur der Zeit der französischen Revolution wurde europaweit vom französischen Geheimdienst verantwortet, die gegenrevolutionäre vom englischen. Die sozialistische Literatur der Gegenwart wurde (oder, mag sein, wird) vom KGB besorgt, wobei sich freilich verwirrend auswirkt, daß keiner weiß, für wen seit 1953 das KGB eintrat, und auch schwer zu sagen ist, für wen es heute eintritt. Die imperialistische Literatur wird von der CIA gehandhabt, die inzwischen den Weltrückschritt befördert, so wie es der Secret Service um 1800 herum tat. Es ist ja der heutige Einsatz der USA für den Weltrückschritt einfach die Fortsetzung des seinerzeitigen englischen.

Ich habe die deutschen Romantiker als Einflußagenten der englischen Regierung zu beschreiben vor. Ich könnte beherzt mit ihrem Chef Gruner beginnen, schiebe es aber hinaus und nehme einen weiten Umweg. Weil nachrichtendienstlich veranlaßte Literatur ein Tatbestand auch meiner Jahrhunderthälfte ist, stößt ihre Erwähnung auf Empfindlichkeiten, besonders unter den Nachrichtendiensten. Das Wort Spion gilt fast schon als Tadel. Kunstwerke von Spionen gelten für sittenwidrig und künstlerisch schwach, obgleich weder für das eine noch für das andere ein zwingender Grund sich findet. Ich will ganz klar machen, daß ich der Romantik nicht das vorwerfe, daß sie bezahlt war. Ein Kunstwerk, wenn es nur schön ist, stinkt es nicht. Die französischen Dienste arbeiteten in keiner Weise anders als die britischen, und ich fange, damit Sie mir Ihr Vertrauen nicht entziehen, mit größter Umständlichkeit von den Taten der Franzosen an.

Ich möchte klären, wofür Goethe und Wieland von Napoleon das Kreuz der Ehrenlegion bekamen.

Wer in Erfahrung bringen will, was eine Auszeichnung, die man ihm gibt, meint, muß seinen Kopf nicht besonders anstrengen, er muß einfach hinschaun und feststellen, wer, außer ihm, dieselbe Auszeichnung auch hat. – Ein Mann, den ich kenne, soll Professor werden. Er geht zu dem Ort, zu dem man ihn ruft, und trifft dort zweitausend weitere Leute, die ebenfalls Professor werden sollen, und er begreift, daß der Titel die Ehre, von der er gedacht hatte, daß seine Verleihung sie darstelle, wohl nicht darstellt.

Richard Friedenthal hatte einen gesunden Sinn für die Dinge des Alltags und des gewöhnlichen Lebens. Alle Welt weiß, daß nach Napoleons Sieg über Preußen und also Weimar auf dem Fürstentag zu Erfurt Goethe und Wieland mit dem höchsten französischen Orden geschmückt wurden. Es ist Friedenthal ganz allein, dem wir das Wissen verdanken, daß das Abschlußbulletin vom 14.10.1808 zwei weitere frischgebackene Ritter der Ehrenlegion nennt: »Stark, Oberstabsarzt in Jena, und Vogel, Bürgermeister von Jena«.

Diese Namen, offensichtlich, stimmen unsere Erwartung

herab. Wovon immer die Rede war, eine Gipfelbegegnung deutschen und gallischen Geistes hatte der Kaiser wohl nicht im Auge.

Wer war Stark, und wer war Vogel? Kein Mensch sagt es uns. Kein Nachschlagwerk führt ihre Namen. Ein Privatgelehrter aus Mainz, Herr André Thiele, rettete mich durch Beibringung einer nicht gemeinen Quelle. Ihr vollständiger Name lautet:

»Zeitschrift des Vereins für thüringische Geschichte und Altertumskunde. Neue Folge. Siebzehnter Band. Der ganzen Folge fünfundzwanzigster Band. Die Kriegslasten der Stadt Jena in den Jahren 1806 und 1807. Aktenmäßige Mitteilungen von Dr. Ernst Devrient, Jena 1907«. Hier drin finden sich Stark und Vogel.

Stark ist der greise geheime Hofrat Prof. Dr. Johann Christian Stark d. Ä., ein Chirurg. Der Kammerrat Georg Wilhelm Vogel ist Jenas Bürgermeister. Sie waren einfach zwei herzoglich weimarische Untertanen, die sich nach der Schlacht von Jena der verwundeten französischen und sächsischen Offiziere angenommen hatten. Sie errichteten und betrieben ein Lazarett, Stark als medizinischer Direktor, Vogel als Verwaltungsdirektor.

Die Sache hat überhaupt keine politischen Hintergründe. Napoleon war diesen Männern dankbar, daß sie einigen seiner Krieger das Leben bewahrt hatten. Man ist etwas erstaunt zu erfahren, daß Kaiser dankbar sein können, (so wie man auch angenehm darüber überrascht ist, daß die Kriegskontributionen und Beschlagnahmungen durch die französische Armee, wie verabredet, zurückgezahlt wurden; es geschah ein paar Jahre später, als versprochen, aber man erinnerte sich an seine Versprechen). Wofür war Napoleon Goethe und Wieland dankbar?

Napoleon war über Carl August äußerst ärgerlich. Ums Haar hätte er ihn abgesetzt, und es war ausdenkbar, daß er sein ganzes Land könnte von der Karte gewischt haben. Die verliehenen Orden waren keine Verbindlichkeiten zwischen Ländern, die sich durch Austausch von höflichem Schnickschnack diplomatisch aufführen. Ehren für Weimarer Staatsmänner verzeichnen wir nicht, und die Auszeichnung, die es für den Herzog gab, erschöpfte sich darin, daß er nicht gehängt wurde. Wir wußten nicht, wer Stark und Vogel waren, aber wir bemerken jetzt, daß wir auch nicht wissen, wer Goethe und Wieland waren – jedenfalls für den Kaiser der Franzosen.

Ich will Goethe von diesem Punkt an aus der Erörterung nehmen. Goethe war ein Anhänger Napoleons. Er hatte es der Öffentlichkeit, obgleich er sich nicht gern in den Vordergrund drängte, unmißverständlich zu verstehen gegeben. Sagen wir, Napoleon war Goethe dankbar, daß der ihm treu anhing; betrachten wir dieses Dichters Fall als hinreichend geklärt und lassen wir das Thema übrigens ruhen. – Wofür hatte der Napoleon Bonaparte dem Christoph Martin Wieland zu danken?

Nun ja, da war die alte Geschichte, als Wieland die Diktatur Napoleons verlangte und vorhersagte und von der englischen Regierung angeklagt wurde, besagten General, auf Betreiben des Illuminatenordens, zum Diktator der französischen Republik eingesetzt zu haben.

Der beschuldigte Text stand zu lesen im Neuen Teutschen Merkur, im Märzheft 1798 und unter der Überschrift »Gespräche unter vier Augen, Zweites Gespräch«. Ein Deutscher namens Wilibald und ein Franzose namens Heribert einigen sich dahin, daß weder Republik noch Monarchie

Frankreichs Schwierigkeiten beheben könnten und es angezeigt sei, »einen Diktator zu erwählen«. Der Diktator könne,
so finden sie heraus, angesichts von dessen vortrefflichen
Eigenschaften kein anderer sein als Buonaparte, der freilich
eben auf seinem ägyptischen Feldzug abwesend und ziemlich
verschollen ist. Es gelte, sagen die Vieraugenmänner, die
großen Vorteile zu nutzen, »welche die Alleinherrschaft,
zumal eines solchen Mannes wie mein Diktator, vor einer
jungen, von Parteien und Faktionen zerrissenen Demokratie
hat«.

Wilibalds und Heriberts Wunsch erfüllte sich bekanntlich
anderthalb Jahre später, am 9.11.1799. Napoleon wurde Erster
Konsul der Republik.

In der Nummer 6570 des The St. James's Chronicle Or,
British Evening-Post vom Sonnabend 25.1. bis Dienstag
28.1.1800 erschien auf Seite eins ein Leitartikel gegen Wieland unter der Schlagzeile »Vorhersage, Napoleon betreffend«. – »Die Beobachtungen«, erklärt das Blatt, »entsprin-
gen der Feder eines auswärtigen Gesandten«.

Der auswärtige Gesandte war Ernst Ludwig Julius von
Lenthe, nicht ganz zufällig der Vertreter Hannovers in Lon-
don. Hannover gehörte England, sein Gesandter auch. Über-
dies wirkten dort Leute wie die Staats- und Dunkelmänner
August Wilhelm Rehberg und Ernst Brandes, Freunde
Edmund Burkes beide und beide väterliche Berater des Freiherrn vom Stein. Der »Chronicle« war die englische Hofzeitung. Das Königreich der Briten erfuhr den Tatbestand von
Wielands Vergehen mittels des auch damals nicht unüblichen
Verfahrens der Selbstbenachrichtigung. Der englische Hof,
läßt sich sagen, informierte in der englischen Hofzeitung den
englischen Hof.

So:

»Meine Überzeugung von dem, was ich ausspreche, mein Eifer für die gute Sache, mein Abscheu vor Anarchie und mein frühzeitiges Mißbehagen an dem zahllosen Unheil, welches notwendiger Weise aus einem Friedensschluß zwischen den gegenwärtigen Beherrschern Frankreichs und einigen der Kontinentalmächte, die jetzt im Krieg liegen, folgen würde, haben mich vermocht, M. Weilands (Wielands) Vorhersage, begleitet von meinen eigenen Überlegungen, zu veröffentlichen«.

Der ehrliche Lenthe gibt Wielands Aufsatz von 1798 sehr fehlerfrei wieder, kommt aber dann auf Hintergründe zu sprechen. Er beruft sich auf »die zwei hervorragenden Werke des M. L'Abbé Barrueil (Barruel) und des Herrn Robison«. Das sind Werke über den Illuminatenorden, und die Illuminaten, weiß Lenthe, haben »vielleicht« Wieland beauftragt, »ihren Helden der französischen Nation schmackhaft zu machen«.

Daraus, daß Wieland Napoleons Diktatur vorhergesagt hat, schließt der Herr von Lenthe, daß Wieland den Napoleon ins Amt gebracht habe. Ich finde den Schluß nicht dumm. Einer kann mit Sicherheit doch nur das prophezeien, was er selbst zu bewirken entschlossen ist.

Die Geschichte ist unterhaltsam, aber für den Betroffenen war es keine kleine. Weimar war noch mit England verbündet. Eine amtliche Anzeige durch den Hauptverbündeten und Geldgeber, und nichts Geringeres lag vor, war nicht auf die leichte Schulter zu nehmen. Ende der Neunziger waren Vorwürfe, der Revolution und den Illuminaten nahezustehen, nicht mehr modischer Gesprächsstoff wie in den Achtzigern, sondern wurden Anlässe zu europaweitem Mobbing.

Wieland dementierte im Neuen Teutschen Merkur vom April 1800. Er sagte, er sei kein Illuminat, und er habe Napoleon auch nicht ins Amt gebracht. Leider sagte er noch vieles mehr. Das Dementi enthält einen solchen Schaum von falschen Tönen, daß es, außer daß es Wielands schlechtes Gewissen an den Tag bringt, wenig zum Verständnis beiträgt.

Ein Begriff hat sich in den Fortgang unseres Berichts eingemengt, der Begriff des Illuminatismus. Wir scheinen zu hüpfen, gehen aber Schritt vor Schritt. Wer sind die Illuminaten? Die Illuminaten genießen nicht den Grad von Bekanntheit, auf den sie Anspruch haben, und ich mache mir das Vergnügen, sie Ihnen zu erklären. Die Illuminaten stammen von den Freimaurern.

Die Freimaurer sind eine englische Vereinsgründung vom Anfang des achtzehnten Jahrhunderts, daher wir für das Maurerwesen das englische Wort Masonism benutzen. Ihre Logen waren ein bißchen freisinnig, ein bißchen verschroben. Sie hielten es mit Geheimwissen und Symbolen. Sie kümmerten sich mehr um Salomos Tempel als um Politik.

Gegen Ende des Jahrhunderts hin, als die Ideen sich anschickten, die Massen zu ergreifen, hatten sich unter den Freimaurern zwei operative Orden gebildet, Orden von strenger Abstufung des Gehorsams nach dem Vorbild der Jesuiten.

Die eine dieser Kampflogen, die Illuminaten, stand auf der Seite der Revolution oder des aufgeklärten Absolutismus. Die andere, die Rosenkreuzer, stand auf der Seite der Gegenrevolution und einer ständischen Ausprägung des Absolutismus. Ihren geistigen Zielen nach hieß das: Die Illuminaten betrieben die Aufklärung. Die Rosenkreuzer betrieben den Katholizismus, in der Regel auch die Geistersheherei.

Aus der gemütlichen Anfangszeit eines masonistischen Pluralismus her galt der Satz: Wer sich Maurer nannte, war einer, und jeder, der einer Loge angehörte, hatte Zutritt zu allen Logen. Das hatte zur Folge, daß nun, als es ernst wurde, jede ungefährliche Loge tun konnte, als sei sie gefährlich, und jede gefährliche, als sei sie ungefährlich. Insbesondere bestand die Möglichkeit für Vertreter ungesetzlicher Logen, sich gesetzlicher Logen zu bemächtigen. Illegale Wölfe jagten im legalen Schafspelz, was die genaue Einschätzung nicht allemal leicht macht, nicht damals für die Polizei und nicht heute für die Gelehrten.

Es gibt eine freimaurerische Internationale, die verwirrende Konvente abhält. Es gibt unsichtbare Logen und undeutliche. Logen sind Tarnlogen, aber was tarnen sie? Ab 1784 verbietet der Kurfürst von Bayern die Illuminaten. Die erklären sich sofort für aufgelöst. Eins ihrer Mitglieder, Wielands Partner Böttiger, gibt 1800 im Neuen Teutschen Merkur folgende Erklärung ab: Er habe die Sache mit dem 1793 verstorbenen Großmeister Bode durchgesprochen, und der habe ihm versichert, daß »seit dem Jahre 1789 *nirgends* mehr in Teutschland an den völlig und *durch sich selbst* aufgehobenen Illuminatenorden gedacht worden«. (Hervorhebungen von Böttiger).

1785 spielt sich eine Posse ab, worin die illuminatischen Herzöge von Weimar und von Gotha beschließen, den preußischen Kronprinzen Friedrich Wilhelm für die Illuminaten zu keilen, der aber längst und mit größtem Erfolg von den Rosenkreuzern angeworben war. In einem sehr guten Stück aus der Zeit, »Die Zauberflöte« von Schikaneder, liegen ein illuminatischer Fürst und eine rosenkreuzerische Fürstin im Hader. Cagliostro, der seinen Grad bei den Rosenkreuzern hat, gibt sich als Weltoberhaupt der Illuminaten aus. Goethe, im »Groß Kophta«, glaubt ihm das nicht. Alexandre Dumas im »Cagliostro« wieder glaubt es ihm.

Es kam vor, daß ein und dieselbe Stadt eine Illuminatenloge und eine Niederlassung der Rosenkreuzer in ihren Mauern beherbergte. In Berlin wirkten gleichzeitig Wöllner und Bischoff-werder für die Rosenkreuzer, Nicolai, Gedike und Biester für die Illuminaten. Später wird es so hergehn, daß der Fürst Carl August von Hardenberg einen hohen Rang bei den Illuminaten bekleiden wird, während vom Freiherrn vom Stein zu sagen sein wird, daß sein Assistent Carl Wilhelm Koppe am 16.4.1808 aus den Königsberger Rosenkreuzern im Tempel ihrer Logen-Kooperation »Zum Totenkopf und Phönix« den Tugendbund und sein Mitkämpfer Karl Justus Gruner aus dem Tugend-bund seinen englandfreundlichen preußischen Geheimdienst formen wird. Doch hiervon, wenn es dran ist, mehr.

Das Herzogtum Weimar war durchgehend illuminatisch beschaffen.

Wie das aller linken Organisationen bestand das Hauptge-schäft der Illuminaten im Kampf gegen linken Radikalismus. Ihr Gründer, der Regensburger Kirchenrechtler Adam Weis-haupt, gibt folgende Anweisung. »Wenn ein Schriftsteller in einem öffentlichen gedruckten Buche Sätze lehrt, die, wenn sie auch wahr sind, noch nicht in unsern Plan passen, sondern zu früh kommen, so soll man den Schriftsteller zu gewinnen suchen, oder ihn verschreien«.

Ein derartiger Kasus trat ein, als dem Herzog Carl August, der ein Illuminat war, 1792, nach dem französischen Sieg von Valmy, zugetragen wurde, Johann Gottfried Herder, der ein Illuminat war, habe den Franzosen das Recht zugesprochen, ihren »alten Königsstuhl zu säubern«. Der Herzog brach in Flüche aus, denn er war aufbrausend, besann sich aber und beauftragte seinen Geheimrat Voigt, der ein Illuminat war, die Angelegenheit mit Herder beizulegen. Die Angelegenheit hatte ihr gütliches Ende, als der Illuminat Voigt dem Illumi-naten Carl August melden konnte, der Illuminat Herder habe seinen Unfug aus eigenen Stücken bereits abgestellt.

Auch die Maßnahmen gegen Johann Gottlieb Fichte, der im so genannten Atheismusstreit gehindert werden mußte, die Jenaer Universität durch linkslerische Äußerungen bloßzustellen, folgten aus einer Anzeige der (Berliner) Illuminaten, genannt »Sendschreiben eines Vaters an seinen studierenden Sohn über den Fichte'schen und Forberg'schen Atheismus«. Die Illuminaten Carl August, Voigt und Goethe redeten Fichte mit Sanftmut ins Gewissen. Fichte war kein Illuminat. Er sah nichts ein und zwang die Weimarer Regierung, ihm den Abschied zu geben.

Die Illuminaten waren zu strenger Verschwiegenheit gehalten. Die Formulierung dieser obersten Parteitugend in Goethes Beitrittsverpflichtung lautet:

»Ich Endesunterzeichneter verpflichte mich bei meiner Ehre und gutem Namen, mit Verzicht auf allen geheimen Vorbehalt, von den mir durch den Herrn Hof- und Legationsrat Bode anvertrauten Sachen, meine Aufnahme in eine geheime Gesellschaft betreffend, gegen niemanden, auch nicht gegen die vertrautesten Freunde und Verwandten, auf keine irgendmögliche Weise, weder durch Worte, Zeichen noch Blicke, oder sonst niemals nicht das geringste zu offenbaren«.

So gab er es handschriftlich am 11.2.1783.

Goethe trug den Geheimnamen Abaris. Viele Ordensnamen der Illuminaten waren griechisch, welches eine republikanische Sprache ist.

Das Schweigegebot macht die Lage der Forschung fast aussichtslos. Da es zu den Grundsätzen der Illuminaten gehört, ihre Ziele nicht auszusprechen, sind die Ziele der Illuminaten unbekannt. Auch die Illuminaten durften die Ziele der Illuminaten nicht kennen, ausgenommen die winzige Spitze ihrer befugten Leiter.

Die Illuminaten kämpften, das ist unstrittig, für die Beseitigung des Aberglaubens und der Adelsvorrechte. Ihre Neigung, gegen die Fürsten zu kämpfen, war vom Durchführbarkeitsgesichtspunkt bestimmt. Wo es sich machen ließ, taten sie es, wo nicht, nicht. Der Privilegienverzicht der Deputierten des zweiten Standes in der Konstituante 1789 klingt ganz wie eine illuminatische Verlautbarung; ich schließe auch keinesfalls aus, daß er eine sei. Schiller erklärt in den »Briefen über Don Karlos«, er sei »weder Illuminat noch Maurer«, aber deren Zweck für die menschliche Gesellschaft müsse »mit demjenigen, den Marquis Posa sich vorsetzte, sehr nahe verwandt sein«. Wir denken das auch, halten die Illuminaten aber für minder ungeschickt. Ihre Darstellung durch den älteren Dumas in den Anfangsszenen seines »Cagliostro«, wo die Illuminaten aller Länder in einer Schloßruine auf dem Donnersberg bei Mainz beschließen, die französische Monarchie zu beseitigen, hat – ungeachtet der nie irrende Historiker Dumas, wie erwähnt, im Betreff der Parteizugehörigkeit des Grafen schludert – viel Wirklichkeitsnahes und Glaubliches.

Was anders hätte, ein halbes Jahrzehnt vor der Revolution, das Endziel einer geheimen Gesellschaft sein sollen denn die Revolution?

Die Behauptung des Herrn von Lenthe, die deutschen Illuminaten hätten die französische Revolution verschuldet, ist nicht so abgeschmackt, wie Wieland und Böttiger sie hinstellen. Die Theorie der russischen Revolution wurde schließlich auch in Deutschland verschuldet.

Die Pariser Loge des »Philaletes«, die im Jakobinerkolleg ihren Haushalt hatte, ist den Illuminaten sehr ähnlich. Wir gehen davon aus, daß die Vereinigungen einander kannten. Großmeister aller linken Logen, vereinigt im »Le grand Orient de la France«, war der Herzog von Orléans. Wenn man von einer Person sagen kann, sie habe die französische Revolution verursacht, war es der Herzog von Orléans; übrigens war er es, der die englischen Hilfsgelder einstrich, solange Pitt glaubte, man könne Frankreich nicht besser schaden, als indem man die Revolution unterstützte. – Aus dem Stall des Herzogs kamen sowohl Mirabeau wie Danton wie Talleyrand, Urheber ganzer Abschnitte der Revolution, freilich auch Hauptvertreter des Verrats an England.

Die französische Revolution hat die französische Revolution gemacht, aber man kann nicht leugnen, daß die Illuminaten beteiligt waren. Berühmt wurde die Parisreise einer Abordnung der Illuminaten 1787 mit Adam Weishaupts Nachfolger Johann Joachim Christoph Bode an der Spitze, während welcher derselbe in der Loge »Les Amis Réunis« eine Zweigstelle seiner Illuminaten eröffnete.

Daß die deutschen Illuminaten mit den Jakobinern im Einverständnis sind, zeigt der Verlauf der Dinge. Die Mainzer Illuminaten Forster, Wedekind, Blau und Umpfenbach verwandeln sich nach dem Einmarsch des Generals Custine am 21.10.1792 fast über Nacht in revolutionäre Clubbisten.

Ob die deutschen Illuminaten an dem Plan, Napoleon zum 1. Konsul zu erheben, beteiligt waren? Ich weiß es nicht, will aber auch dem St. James's Chronicle nicht leichthin widersprechen. Falls es Fouché war, der Napoleon machte: Er war 1797 zur Geheimpolizei des Direktoriums gestoßen. Wielands Prognose, wir erinnern uns, stammt von 1798.

Fouché, wenn ich es mir überlege, könnte es Wieland gesagt haben.

Lassen Sie uns unser Ziel verfolgen: Wieland, war er ein Illuminat? Wieland sagt, er war keiner, und ich kenne nicht einen Universitätsmenschen, der ihm in dem Punkt nicht beitritt.

Übrigens gibt es zum Mitgliederstand der Weimarer Illuminaten eine Quelle, Bodes Archiv, das aus einem abenteuerli-
chen, aber sonst nicht wichtigen Grund die »Schwedenkiste«
genannt wird. Es kommt meist nichts dabei heraus, wenn Phi-
lologen Humor entwickeln. Wir verzichten auf die »Schwedenkiste« und begnügen uns durchaus mit Bodes Archiv. In
demselben erscheint Wieland nicht.

Auch in Hermann Schüttler »Die Mitglieder des Illuminatenordens« fehlt Wieland. Böttiger freilich ist enthalten. Es
ist offenkundig, daß viele auf diesen Aufstellungen fehlen, und
nicht nur die Mehrzahl der niederen Grade. Wer in ihnen
enthalten ist, ist sicher Illuminat. Wer nicht in ihnen enthalten ist, ist deswegen noch lange nicht keiner.

Entgegen allen Universitätsmenschen und allen Archiven
halte ich dafür, daß Wieland Illuminat war.

Aber Wieland bestreitet es ausdrücklich.

In »Meine Erklärung über einen im St. James Chronicle
January 25, 1800 abgedruckten Artikel« (Neuer Teutscher
Merkur, April 1800) erklärt er:

»Ich bin niemals Illuminat noch Mitglied einer andern
geheimen Gesellschaft gewesen. Es ist mir geradezu unmög-
lich, eine Partei gleichsam zu heiraten«. Das ist eine mann-
hafte Ableugnung.

Leider wieder, in derselben Erklärung, erklärt er:

»Alles was ich also mit Gewißheit sagen kann, ist: daß ich
meines Orts keinen Illuminaten kenne und daß ich das Dasein
einer solchen Sekte oder geheimen Gesellschaft für äußerst
unwahrscheinlich halte«.

Wahr ist: Er kannte nur Illuminaten, nichts als solche und
niemanden sonst. Er kannte:

Seinen Herzog Carl August. Seinen Freund Jens Imma-
nuel Baggesen, welcher dem Prinzen Friedrich Christian von

Augustenburg, einem hohen Illuminaten, diente. Seinen großen Kollegen Goethe. Seinen ihm sehr nah stehenden Kollegen Herder. Seinen Redaktionssekretär, später alleinigen Redakteur Böttiger. Seinen Schwiegersohn, den Philosophen Carl Leonhard Reinhold.

Der gelehrte Hof der Herzoginmutter Anna Amalia war noch lückenloser illuminatisch als der des Herzogs. Ihn bildeten sechs Männer: Wieland, Böttiger, Herder, Knebel, Bode und Johann August Ludecus, Anna Amalias Sekretär. Sollte von den sechsen ein einziger, Wieland, kein Illuminat gewesen sein?

Selbst der Mann, der ihm sein Gut Oßmannstedt verkaufte, war Illuminat. Sein Name ist August Dietrich Graf Marschall.

Wir ertappen Wieland bei einer Lüge, was uns nicht stark wundert. Wieland lügt ohnehin gern. In dieser Sache, bei der es um Kopf und Kragen ging, log er ohne die mindeste Befangenheit. Der einzige Nichtilluminat, mit dem Wieland überhaupt umging, war sein englischer Übersetzer Henry Crabb Robinson, welcher ein Romantiker und englischer Agent war und später in Hamburg sich einer Spionagegruppe unter dem General Gebhard Lebrecht Blücher anschloß.

Illuminaten verschweigen nicht nur ihre Meinungen, sie verschweigen vorzugsweise ihr Vorhandensein. Es nimmt wunder, wie viele Fachleute Wielands Schutzbehauptung für bare Münze nehmen. Was jedenfalls nicht gegen Wielands Mitgliedschaft in dem Orden spricht, ist seine eigene Einlassung.

Spricht etwas dafür?

Nicht wenig und mehr als genug. Es sind sechs Punkte, so viele, daß ich sie besser numeriere.

1. Fritz Martini hat zu seinem Verdruß die Liste der Bücher gefunden, deren Lektüre bei den Illuminaten Pflicht war. Wie-

lands große Romane, der »Agathon«, die »Abderiten« und der »Goldne Spiegel«, nehmen einen beträchtlichen Anteil auf dieser Liste ein, von den zeitgenössischen Werken, die die Liste enthält, den beträchtlichsten.

2. Wiederholt befürwortet Wieland die gewaltsame Entfernung der französischen Bourbonen. Er tut es nicht nur in seinem vertraulichen Brief an den illuminatischen Schwiegersohn Reinhold, er tut es schon in dem Aufsatz »Das Geheimnis der Kosmopoliten« (Teutscher Merkur, August und November 1788), in welchem ziemlich unmißverständlich von den Illuminaten die Rede ist, und in welchem er mancherlei Unklarheiten stiftet und Ausflüchte macht, nur eben in dieser entscheidenden Hinsicht nicht: Wenn die demnächstigen Repräsentanten der Franzosen der Willkür ihrer Könige Schranken setzen, wäre »diese Partei aus allen Kräften zu unterstützen«.

Aus solchen Bekenntnissen erhellt nicht nur, daß Wieland Illuminat war, sondern darüberhinaus das, daß die Illuminaten Fürstenmord sicher nicht überall forderten, aber doch auch nicht überall ausschlossen.

3. Lenthes Denunziation im englischen Hofblatt. Diese Aussage spielt sich auf einer diplomatischen Ebene ab, auf der damals kein leeres Stroh gedroschen wurde. Das war nicht wie heute die CIA, die unliebsame Politiker mit Anschuldigungen überschüttet, wie sie ihr eben so durch den Kopf gehn.

4. Wielands Reaktion auf Lenthes Anzeige, die, wie wir sagten, zu lang und zu nervös für einen Mann seines Formats war, außer die Anzeige stimmte. Wir denken hierbei auch an die verquere Erdichtung einer Hetznovelle (NTM Oktober 1793) über einen verabscheuungswürdigen Illuminaten und Franzosen, unzweifelhaft Emissar eines »Club de la Propaganda«, der Wieland mit einer »schweren Geldbörse« kaufen will und aber eine gestelzte und biedermännische Abfuhr

erhält. Es gibt keinen denkbaren Grund für die Plumpheit dieser Agentenpistole als den, daß der Verfasser Anlaß sieht, sich von Verdächten, etwa des Kosmopolitenordens wegen, reinzuwaschen.

5. Die Illuminaten leugnen notwendigerweise jede Verbindung zu den Jakobinern. Ihre Freunde unterstützen sie hierbei; gedankenloserweise tun sie es bis heute. Wir befinden uns also in der Lage, daß alle vernünftigen Auskünfte über diese Verbindung nur von den Feinden der Illuminaten zu erlangen sind.

Es sind deren insonders drei, alle gleich beschlagen und gleich wichtig. Zwei von ihnen gehören zum wissenschaftlichen Rüstzeug des Herrn von Lenthe: Der Abbé Augustin Barruel, ein Emigré, und der Professor John Robison, Mathematiker und Naturphilosoph aus Edinburgh. Der dritte im Bunde ist der Professor Leopold Aloysius Hoffmann zu Wien.

Der Abbé Barruel ist ein kenntnisreicher Mann. Ich sage nicht, daß ich ihm jedes Wort glauben würde. Aber ich habe sein Zeugnis lieber für als wider mich.

In Barruels »Geschichte des Jakobinismus« in der französischen Ausgabe von 1818 steht auf der Seite 389: Böttiger »schreibt den Engländern, er sei kein Illuminat; man glaubt es in England, aber in Deutschland fragt man sich, was er in den Weimarer Minervallogen treibe und wieso er noch mit solchem Fleiß für den Eingeweihten Wieland arbeite«. *L'Adepte Wieland* – ich versichere Sie, den Namen Adept läßt Barruel wirklich nicht billiger ab als für die ausschlaggebenden Cadres der Illuminaten.

6. Nachdem die Weimarer Illuminaten seit der Revolution sich haben still halten müssen und in die Ungesetzlichkeit gegangen sind, entsteht mit Napoleons Einzug ein Bedürfnis nach einer Loge, die sich wieder *sehen lassen* kann.

Wiedergegründet wird 1808 die 1764 schon einmal gegründete und zugunsten der Illuminaten 1780 entschlafene Loge Anna Amalia, in die Wieland 1809 eintritt. Was hat es mit der neuen Anna Amalia auf sich?

Wir haben da einen Brief des Geheimrats Voigt über eine am 23.6.1809 stattgefundene Party im kleinen Kreise:

»Unser Johannisfest wurde zwar ernsthaft und würdig, aber doch auch mit Heiterkeit gefeiert. Auch die Toten mußten leben, nämlich unser alter treuer Bode. Reinhold gab eine sehr gedachte Vorlesung, um die Heiligkeit des Festes mit der Bestimmung der Loge zu amalgamieren. Sein alter Schwiegervater und der Heros G. waren gar vergnügt. Es war eine schöne Unterhaltung«.

Das Johannisfest ist ein masonistischer Ritus, kein illuminatischer. Aber worüber der Illuminat Voigt dem Illuminaten Böttiger hier berichtet, ist eine Gedenkloge für den Illuminaten Bode, der als Haupt des Illuminatenordens vor sechzehn Jahren verschieden war. Festredner ist der Illuminat Reinhold, und »gar vergnügt« ist der Illuminat Goethe. Der alte Schwiegervater ist Wieland, und wer will aufstehn und mich hindern zu schreiben: der Illuminat Wieland?

Der St. James's Chronicle hat vielleicht nicht in jeder Einzelheit recht. Aber so viel darf wahr bleiben: Wieland hatte für Napoleons Herrschaft eine selbsterfüllende Vorhersage gemacht, als Illuminat, der er war, und beraten von französischen Logen, wobei der Schritt vom Geheimbund zum Geheimdienst, wie wir schon am Beispiel der Königsberger Rosenkreuzer zu zeigen Gelegenheit hatten, verschwindend klein ist. Solch lebhafter Einsatz konnte dem Kaiser schon eine Medaille wert sein.

Denken wir an die Gefälligkeiten, die der Illuminat Dalberg

Napoleon zu erweisen wußte und von Napoleon erwiesen bekam. Wieland hatte sich um Napoleon in seinen beiden Berufen als Schriftsteller und als Journalist nicht nur mittels dieser einen Fürsprache verdient gemacht. Was Bissigkeit betrifft, haben die Romantiker Reflexe wie die Pittbulls. Aber die habituelle Zerfleischung des Teutschen Merkurs durch das Athenäum würde sich als Krieg des englischen Geheimdiensts gegen den franzosischen sehr zwanglos erklären.

Ich halte das Verhältnis der deutschen Klassik zur französischen Abwehr für ein enges.

Es war auf diesem langen Umweg, daß ich Sie zu jener preußischen Welt hinzuleiten gedachte, wo Dichter Führungsoffiziere haben, und wo staatliche Dienste für die Lebens- und Geistesäußerungen der Romantischen Schule verantwortlich zeichnen.

Geld, das vom Polizeiministerium des revolutionären Frankreich an deutsche Aufklärer, Klassiker, Illuminaten, Spione und sonstige Gehilfen gezahlt wurde, ist bisher ungefunden, wenn wir auf die Goldkatze von Wielands Emissar als Beweismittel verzichten. Wir kennen Dienste als geizig und bezweifeln die Menge der Goldstücke, nicht die Katze.

Besser unterrichtet sind wir von dem Geld, das Englands Außenamtsminister George Canning über den geheimdienstlichen Koordinator gegen Frankreich, William Wickham, auf den Kontinent fließen ließ. Das russische Geld, das der Fürst Christoph Andrejewitsch Lieven, der russische Gesandte, durch den Zoll zu den Kämmerern der preußischen Fronde zu bringen pflegte, stammte nicht minder aus den Kassen der Insel.

Allein 1795 zahlte Wickham 94 000 Pfund an französische Royalisten (Michael Wagner: »England und die französische Gegenrevolution«). 1796 gründete und ernährte Wickham eine 5. Kolonne in Frankreich, den »Institut philanthropique«. Der »Tugendbund«, den die Engländer 1808 durch Stein als 5. Kolonne in Preußen eröffneten, liest sich wie eine Übersetzung des »Institut philanthropique« ins Deutsche und Sittenfeste.

Der Tugendbund flog, als gegen den König gerichtet und vom Ausland her geleitet, bald auf, am 31.12.1809. Er fand sein Fortleben nicht allein in den bekannten germanomanischen Vereinen und romantischen Insurrektionscomités, sondern vor allem in der preußischen Spionage, die man 1810 Karl Justus Gruner anvertraut hatte. Der Grunersche Geheimdienst war, ganz wie der Fouchésche, für sowohl die innere, die äußere und die militärische Sicherheit zuständig, einbegriffen Mord und Kulturelles. Er hatte die Personnage des Tugendbunds nahezu unverändert übernommen. Auch er diente dem Foreign Office. Es geschieht bis heute immer wieder, daß ein ganzer Geheimdienst zum Feind überläuft. Es geschah bei diesem Dienst 1812. Gruner nahm ihn, als er Berlin floh, nach Prag mit.

Der Freiherr vom Stein schickt seit der Erneuerung des französischen Bündnisses durch Friedrich Wilhelm III am 24.2.1812 Gelder aus Rußland an Gruner zum Unterhalt seiner Banden. Gruner schreibt Stein 1812, er habe jetzt »ungefähr 5000 Dukaten beisammen« (August Fournier).

Der Hofrat Janke reist, im Auftrag von Gruners königstreuem Nachfolger, dem Geheimen Staatsrat Ernst Gottfried von Bülow, 1812 nach Prag und nimmt Gruner in Verhaft. »Viertausend Dukaten in Gold und 1000 Gulden in Silber sind bei ihm gefunden«; laut der Dissertation von Erich Janke 1902.

August Fournier (»Stein und Gruner in Österreich«, 1888) faßt zusammen: »Gruner hat während seines Aufenthaltes in Prag von der russischen Regierung einmal 5000 Taler, dann

1394 Dukaten und später noch 4000 Dukaten erhalten«. Bei Otto W. Johnston liest sich das so: »50 000 (!) Reichstaler, 1394 Dukaten und etliche Pfund Sterling«. – Ich gebe das einfach weiter. Die Summen sind mir ja wurst. Ich finde beruhigend, daß wenigstens über die 1394 Dukaten eine gewisse Einmütigkeit vorliegt.

»Das Land, das mit seinem Gelde schon einmal die Kosten der europäischen Restauration bestritten hat«, schreibt Karl Marx am 1.1.1849, als eben wieder einmal eine bürgerliche Revolution hatte klein beigeben müssen, in der Neuen Rheinischen Zeitung, »*England* scheint der Fels, an dem die Revolutionswogen scheitern«.

Es sind, wie oben angedeutet, in den letzten zwei Jahrhunderten nicht mehr als insgesamt drei Forscher, die die deutsche Romantik als literarischen Ausdruck der Wünsche des Secret Service haben begreifen wollen.

– Der wunderbare Reinhold Steig, der so alldeutsch-national fühlt, daß er von seinen Kollegen nie angeführt wird oder höchstens unter vernichtenden Kennworten wie der »umstrittene« oder der »bezweifelbare«. Er war mit der reaktionären Wirklichkeit in solchem Grade einverstanden, daß er nichts Besseres mit ihr zu tun hatte, als mit ihr herauszuplatzen.

Steig verlautbart sich so. »Dieses Buch« (»Heinrich von Kleist's Berliner Kämpfe«) »behandelt das Emporkommen, Kämpfen und Unterliegen der Berlinisch-Märkischen Romantik. Eine geschlossene Vereinigung von Männern, die in Einem Sinn tätig sind, erscheint vor unseren Blicken ... Sie bekämpften die alte Berliner Aufklärung, die sich den neufranzösischen Ideen ergab ... Sie forderten den Krieg gegen Napoleon als Nationalangelegenheit ... In der Politik kämpften sie gegen Hardenberg«.

– Der knochentrockene August Fournier, dessen Geschichtsverständnis sich im Herankarren von Aktenstücken erschöpft. Ihm ist das Patriotische an ihnen so gleichgültig wie das Poetische; er glaubt, es seien einfach Tatsachen, von denen er handelt. Er sagt alles, wie er es antrifft, und er erzählt, was er weiß, ganz unbefangen.

– Und der kopernikanische Otto W. Johnston, der in der materialistischen Literaturgeschichtsschreibung nach Hegel und nach Lukács den dritten Sprung getan hat und sich so verlautbart: »In den Jahren zwischen 1807 und 1813/14 forderte eine durch Großbritannien finanziell unterstützte Fraktion der preußischen Staatsführung jene durch Schriftsteller ausgeschmückte und promulgierte mythopolitische Struktur ... Die politisch aktiven Schriftsteller im besetzten Preußen trugen zu der Gestaltung einer geradezu subversiven Sinnesart bei, indem sie den preußischen Untertan aufforderten, sowohl von der offiziellen Friedenspolitik des Königs als auch von einer naiv begeisterten oder indifferenten Haltung Frankreich gegenüber Abstand zu nehmen«.

Johnston hätte Steig und Steig Johnston nicht widersprochen.

Promulgiert heißt verkündigt.

Jeder dieser drei Männer ist von der Wissenschaft, der er diente, verleumdet, übersehen oder totgeschwiegen worden. Der philologische Überbau ist beides, zu stolz und zu feige, um einzugestehen, die Kunst, die das Selbstgefühl der Nation zu begründen berufen ist, könne politisches Geld genommen haben, sei es von der eigenen Regierung oder von fremden.

Die Germanistik will nichts hören von Spionage, wie sie von Rauschgift nichts hören will. Sie äußert sich in ihrem Zartsinn zu Konfessionen über Opium (»Hymnen an die Nacht«, »Die Elixiere des Teufels«), wie wenn der Verfasser keines geschluckt hätte. So zu Konfessionen von Spionen, wie wenn der Verfasser keiner wäre.

Ich versuche, Sie mit einem einzigen Beispiel eines Richtigeren zu belehren. Die Universität Jena, die dem englischen Dienst gehörte, ernannte 1817 den Secret-Service-Agenten Friedrich Ludwig Jahn zum Doktor, ohne daß er eine akademische Arbeit hätte vorlegen müssen.

Dem Herrn André Thiele, den ich in diesem Buch schon begrüßt habe, habe ich für folgende Mitteilung zu danken. Die Universität Halle, die dem französischen Dienst gehörte, hatte bereits 1810 Jahns Gegenspieler in Berlin, dem Schriftsteller Saul Ascher, die Doktorwürde verliehen, ohne daß der eine akademische Arbeit hätte vorlegen müssen. Welch hübsche Entsprechung. Zwei Großmächte, zwei Doktoren und keine Dissertation.

Wer die Bedeutung der Freimaurer als Kombattanten im Weltgeschäft kleiner ansetzen möchte, als ich es tue, muß hinnehmen, Edmund Burke samt seinem Novalis auf meiner Seite zu finden.

»Mehrere Länder von Europa«, sagt in seinen »Betrachtungen« Burke, »sind in offnem Aufruhr. In vielen ist ein hohles Gemurmel unter dem Boden; die schwankende Bewegung, die wir von Zeit zu Zeit verspüren, ist der Vorbote eines allgemeinen Erdbebens in der politischen Welt. Schon entstehen in verschiedenen Ländern Verbindungen und Korrespondenzen von der allerseltsamsten Art«. – Es sind die Illuminaten, deren Wühlarbeit Burke fürchtet. Er versäumt nicht, diese Auslegung seines düsteren Bildes in einer Anmerkung zu bekräftigen.

Novalis wieder setzt (in der »Christenheit«) sein Vertrauen in die Rosenkreuzer. Er klagt um die verschwundenen Jesuiten, fährt aber fort: »Jetzt schläft er, dieser furchtbare Orden. Vielleicht daß er sich mit neuer Gewalt einst über seine alte Heimat, vielleicht unter *anderm Namen*, verbreitet«. – Ich gebe aber zu, daß unter diesem andern Namen, unter dem die Jesuiten einst wieder herrschen werden, außer den Rosenkreuzern auch die Romantik könnte verstanden sein; um genau zu reden, denke ich, er meinte beide. Wenn der Dichter seinen Gedanken überhaupt zu Ende gedacht hat und einigermaßen wußte, was er sagte, wollte er wohl sagen, die Rosenkreuzer seien der politische Arm der Romantik. Wie immer. Wessen Burke und Novalis sich von geheimen Gesellschaften immer versehen mögen, geringe Wichtigkeit halten sie für deren Fehler nicht.

Die preußische »Große National Mutterloge« läßt den letzten Anschein einer masonistischen Internationale fallen und trennt sich 1810 von allen profranzösischen Logen.

Scharnhorst und Blücher sind Rosenkreuzer.

Christian Gottfried Körner ist Rosenkreuzer. Körners und Bodes Kampf ging, wie Hans-Jürgen Schings erzählt, um Schillers unsterbliche Seele, die sie zwischen Romantik und Klassik hin und her zerrten.

Daß Frankreichs Spione in Deutschland sich aus Illuminaten zusammensetzen, kann man für wahrscheinlich halten. Es ist nicht belegt. Daß Englands Spione sich aus dem Menschenvorrat der Rosenkreuzer rekrutieren, steht fest.

Das Ziel des Foreign Office bestand darin, Preußen in ein gegenbonapartistisches Bündnis zu locken oder nötigen. Das beste Mittel hierzu war der Sturz Friedrich Wilhelms des Dritten.

Dem Foreign Office, vertreten durch seinen russischen Gesandten Charles Whithworth und eine Adelsverschwörung, war schon die Erdroßlung des Zaren Paul I vermöge seiner Leibbinde gelungen. An seinen Platz trat sein englandhöriger Sohn Alexander.

Bezüglich Friedrich Wilhelms III erstrebte das Foreign Office mehrmal eine Wiederholung dieses Erfolgs – immer dann, wenn der König versuchte, einen Krieg gegen Frankreich nicht zu führen. Chefstaatsstreichler war jedes Mal der Freiherr vom Stein.

1806, selbst noch in Berlin zugegen, schickte er den Prinzen Louis Ferdinand voran, begleitet von Scharnhorst. Der Prinz Wilhelm spielte die Rolle, die Monarchenbrüder einmal zu spielen haben, die des Anspruchmachers und Nachfolgers. Sie traten Friedrich Wilhelm offen gegenüber und ließen sich wieder nach Hause schicken.

1809 wirkte Stein bereits aus Brünn. Er veranlaßte Gneisenau, der in Königsberg stationiert war, seinen Rücktritt einzureichen. Es ging um die Idee eines wilden Bündnisses mit Österreich, unter Verwendung von Leuten wie Schill. Blücher war dabei und natürlich der Prinz Wilhelm. Der Sieg bei Wagram setzte der Idee ein Ende.

Den Staatsstreich von 1812 leitete Stein aus Petersburg. Gruner verließ Friedrich Wilhelm III unter Mitnahme seines Geheimdiensts; mit Scharnhorst und Gneisenau verließ ihn der Generalstab. Sie alle unterstellten sich »den Kabinetten von St. James und St. Petersburg«. Die Niederlage von Moskau machte diese Anstrengung überflüssig.

Es war dieser Staatsstreiche wegen, daß die Anklage in den Demagogenuntersuchungen von 1820, »ob bei Arndt, Schleiermacher, Reimer oder Jahn« (Johnston) nicht auf Erregung öffentlichen Ärgernisses lautete, sondern auf Hochverrat. Die preußische Justiz kannte noch Regeln und war noch in der Lage, Fachausdrücke zu unterscheiden.

Es ging drei Mal glimpflich für Friedrich Wilhelm ab und ohne Schärpe um die Gurgel.

Wir verschweigen nicht, daß in allen diesen Auseinandersetzungen, zumal der letzten, die Regierung auf beiden Schultern trägt. Die Regierung hat eine amtliche Politik der Freundschaft für den Fall von Napoleons Weltherrschaft und eine Notfallpolitik des Verrats für Napoleons Niederlage. Sie verbannt Napoleons Feinde in die weite Ferne hinaus, behält aber vorsichtshalber ihre Adressen. So fand sie alle Generale, deren sie am Ende gegen den Korsen benötigte, in Rußland wieder. So hielt sie Gruners Einkerkerung für angezeigt und machte ihn kurz drauf zum Gouvernementsrat in Berg.

Eine andere Sache, die Stein und Gruner für Canning zu erledigen hatten, war die Erregung örtlicher Aufstände, besonders in Norddeutschland. Diese Aufstände sollten zum Auftauchen englischer Eingreiftruppen an deutschen Küsten Anlaß geben. Hauptsächlich hierfür waren die 1 394 Dukaten gedacht, hinsichtlich deren Einigkeit besteht, daß Gruner sie in Prag zwischen der Wäsche hatte.

Ferner bei sich hatte er die Liste seiner Terroristen, die stark mit der Liste seines gehabten preußischen Geheimdiensts übereinstimmte. (Diese Liste, wie ich genugsam vorgetragen habe, stimmte stark mit der Mitgliederliste des Tugendbundes überein und diese mit der der Königsberger Rosenkreuzer. Die Mitgliederliste des Tugendbundes fand man bei Gruner, als man ihn verhaftete. Er hatte sie immer bei sich).

Ein, wie ich zugebe, schwächeres Mittel, den Kaiser in Verlegenheit zu bringen, war die Veranlassung ständischer und völkischer gegenbonapartistischer Hetze: die Veranlassung von Romantik.

Janke fand bei Gruner das Geld, das der Bezahlung seiner Unterführer und Räuberhauptleute diente. Er fand nichts von dem, das in die Literatur floß. Dank Steig und Johnston lassen sich diese unbelegten Beziehungen aber, in Teilen wenigstens, wiederherstellen.

Natürlich sagt schon Heine (in der »Romantischen Schule«), daß die Romantik aus Steins Leuten besteht. Dem Verständigen genügt ein Satz, aber in der Literaturwissenschaft sind es oft nicht die Verständigen, die das Maß geben.

Dies der Satz.

»Die romantische Schule ging damals Hand in Hand mit dem Streben der Regierungen und der geheimen Gesellschaften, und Herr A.W. Schlegel konspirierte gegen Racine zu demselben Ziel, wie der Minister Stein gegen Napoleon konspirierte«.

Das urwaldartige Geheul, das wir bei Fichte und Jahn, Kleist und Adam Müller, Arndt und Körner vernehmen, stammt, sagt Johnston, von dem Geschichtsschreiber der Vendée, Alphonse Beauchamp. Ich persönlich halte Beauchamp für einen ernsthaften und maßvollen Menschen und habe solche Sachen bei ihm nicht gefunden. Vielleicht ist Johnston von mir mißverstanden und meint nur den Anhang von Dokumenten, den Beauchamp seinem Werk beigefügt hat. Unumstritten ist: beide, der Vendéepatriotismus und der Germanomanische Patriotismus, waren formuliert und versandt von England.

Stein war die Zahlstelle. Er besorgte und verwaltete die englischen Regierungsgelder, die für Gruner, aber auch die für Literatur und Propaganda bestimmten Summen. Er hat Geld für Fichte, für Schleiermacher, für Arndt. Stein an Arndt: »Sind unsere Fonds hinreichend, so lassen Sie Ihr Büchlein drucken«.

Über wie Geld zu erlangen, verhandelte mit Canning persönlich der Major Ludwig von Kleist, ein Vetter Heinrichs, mit dem der Dichter auf gutem Fuß stand. Er bittet den Minister um fünfzig tausend Pfund und kriegt immerhin zwanzig.

Ich getraue mich jetzt, auf Kleist, sein Leben und sein trauriges Lebensende zurückzukommen. Kleists Erlöschen hat viel mit Geld zu tun, mit solchem, das er erhielt, und insonders mit solchem, das er zu erhalten hoffte und nicht erhielt.

Heinrich von Kleist, ein preußischer Leutnant und Viertelsakademiker von wenig Mitteln, der scheinbar ziellos die Welt durchstreift hat und hierbei allzuoft als Spion aufgefallen ist, begibt sich 1807 nach Berlin, wo er vom Fleck weg festgenommen und in Frankreich interniert wird.

Im selben Jahr noch gelangt er nach Dresden und läßt es sich einmal gutgehn. Er gründet mit seinem Freund Adam Müller die Zeitschrift »Phöbus«.

Auch im politisch beruhigten Sachsen nagt die vaterländische Revolution. Vor allem Maler, Tiecks inzwischen abgereister Freund Runge etwa oder Carus, können die Welt nicht lassen, wie sie ist. Caspar David Friedrich halte ich für den Residenten. In seinem Atelier, das als Versammlungsort für die Bündischen dient, liest Kleist aus der »Hermannsschlacht«. Er dichtet eine Propagandaschrift, »Germania an ihre Kinder«. Er trifft Friedrich Schlegel und Ludwig Tieck, begegnet auf Sitzungen Körner und seinem kleinen Theodor; auch Fichte läßt sich, wenn er zwischen den Reden an die deutsche Nation Pause hat, sehen. Gelegentlich kommt Gentz mit Geld von Wien herüber und bezahlt das alles.

Ein Wermutstropfen ist die mißglückte Uraufführung des »Zerbrochenen Krugs«. Weimar liegt zu nahe an Dresden, als daß Kleist hätte glauben dürfen, das Publikum kenne ihn schlecht genug, um ihn nicht durchfallen zu lassen. (Ich denke nämlich, es waren weder die Aufführung, noch das Stück, die dem Saal mißbehagten, sondern der Verfasser).

Aber erst 1809, mit dem Versuch, sich als Soldat und Sänger dem österreichischen Krieg gegen Napoleon anzuschließen, beginnt das endgültige Tief in seinem an Höhen nicht reichen Dasein. Österreich wird bei Wagram geschlagen.

Wieder nach Berlin entronnen, trifft Kleist auf die Ergebnisse des gescheiterten Staatsstreichs. Hardenberg ist plötzlich Kanzler, die Generalität ist entlaufen. Die Königin Luise stirbt bald. Nur Gruner ist da, seit 1809 als Polizeipräsident und vor allem als Chefzensor, seit 1810 als Direktor des Geheimdiensts. Gruner kennt und begreift Kleist und kann ihn brauchen. Im Oktober 1810 läßt er ihn, zusammen mit Adam Müller, Arnim und Brentano, eine Zeitung gründen, die »Berliner Abendblätter«. Er verspricht, das Journal zu finanzieren und, wichtiger, demselben durch regelmäßige Lieferung von Hofnachrichten als halbministerielle »Preußische Chronik« oder gar »Preußische Hof- und National-Zeitung« zu Lesern zu verhelfen.

Dieses Versprechen, das zu einem Vertrag mit Hardenberg führen soll, kann Gruner nicht halten. Er ist selbst zu sehr im Verdacht, um sich durch offene Unterstützung der Berliner Romantik bloßzustellen. Bereits im November 1810 läßt er seinen Schützling, wie lebhaft er immer mit ihm fühlt, im Stich. Im März 1811 gehen die »Abendblätter« an Stoff- und Lesermangel ein.

Gleichzeitig, von 1810 bis 1811, hat Kleist die Tragödie »Der Prinz von Homburg« beendet, ein Stück, das keinen geringeren Gegenstand behandelt als den Putsch von 1809, freilich mit einem erwünschteren Ausgang zugunsten der Fronde. Er trägt es zu seinem Verleger Reimer. Die Frage ist bis heute unbeantwortet, ob ein Autor gut tut, einen Parteifreund zum Verleger zu wählen, oder ob er sich nicht besser einem Fremden anvertrauen solle, einem Mann von beliebiger politischer Farbe. Reimer speist ihn mit einem Band »Erzählungen« ab und sagt im Juli 1811 zu dem heißen Eisen »Homburg« nein.

Diese zwei Schicksalsschläge, der Bankerott der Zeitung und die Nichtveröffentlichung des Dramas, bedeuten Kleists pekuniäres Ende. Kleist nimmt gegen das Schicksal den Kampf auf.

In der »Abendblätter«-Angelegenheit fordert er bei Hardenberg, beim Prinzen Wilhelm, ja beim König Entschädigung für die ausgebliebene Subvention. Er droht mit Prozessen, er verspricht einen europaweiten Pressekrieg. Es war Gruners Gewohnheit, jedermann zu erzählen, er besitze Hardenbergs Billigung. Ich sage auch gar nicht, Hardenberg habe nicht gewußt, was Gruner so trieb; er unterstützt ihn nur im Augenblick nicht. Er schmettert Kleist ab. Er kennt ihn nicht, er entsinnt sich keiner Zusage; als Kleist ihn um 20 Louisd'or anpumpt, antwortet er gar nicht mehr.

Mit dem »Homburg« geht Kleist nicht zu Friedrich Wilhelm III. Das Stück enthält immerhin einen Glücksausbruch des Helden beim vermeinten Tod des Herrschers und eine siegreiche Rebellion der Stände gegen den Herrscher, die denselben zwingt, seine Europapolitik zu ändern. Man kann es wirklich nicht stark verschlüsselt finden, und Kleist verschont den König damit.

Aber auch ein besonders schön gestaltetes »Homburg«-Manuskript, das er im September 1811 der Prinzessin Wilhelm widmet, bleibt unbelohnt. Die Prinzessin Wilhelm, das ist Kleists alte Gönnerin Marianne, die er im Drama als Natalie verherrlicht hat und die nun aber wider Erwarten nicht bereit ist, an die Spitze der Meuterei zu treten und ihm eine Druckerlaubnis zu verschaffen.

Beide Hoffnungen sind zerschlagen. Eine letzte, kleine bleibt, er kann wieder zur Armee. Im September 1811 läßt er sich von Gneisenau dem König empfehlen und bittet um eine Offiziersstelle. Der König antwortet postwendend. Er freue sich über das »Dienstanerbieten«, schreibt er, und falls »der Fall, für den Sie dieses Anerbieten machen, wirklich eintreten wird«, werde er sicher an Kleist denken.

Der Fall tritt nun nicht ein. Preußen unterschreibt von den zwei Bündnisverträgen, die es verhandelt, nicht den mit Rußland, sondern, wie sich im Oktober 1811 abzeichnet, den mit Frankreich; er wird dann im Februar 1812 geschlossen werden. Kleist hat nicht im Sinn, für Napoleon gegen den Zaren zu ziehen, und Friedrich Wilhelm, wie wir vermuten dürfen, hat auch nicht im Sinn, ihn zu diesem Zweck zu verwenden.

Alle Selbstmorde haben zwei Gründe, einen handfesten wie Liebeskummer, Krankheit oder das Fehlen von Barem und einen, der die Richtung des Weltlaufs betrifft. Am 10.11.1811 ist Kleist tot. In seinem Abschiedsbrief bemerkt er: »Die Allianz, die der König jetzt mit den Franzosen schließt, ist auch nicht eben gemacht mich im Leben festzuhalten«.

MINIATUREN UND MISZELLANEEN

1 DAS SZIENTIFISCHE TÖNEN

Ein romantischer Autor ist ein Autor,
der John Brown für einen Arzt, Gotthilf Heinrich Schubert für einen
Psychologen und Johann Wilhelm Ritter für einen Physiker hält.

Die Romantiker liebten es, in ihren schöngeistigen Werken in die weltlichen Wissenschaften zu pfuschen, oder in das, was sie dafür hielten.

Der Opiumprofessor Brown hatte, außer daß er Europa mit dem Opium als Allzweckmittel beschenkte, auch eine Lehre. Sie bestand aus zwei Fachwörtern: Irritation und Asthenie. Asthenie war die Krankheit der Abschlaffung, Irritation hieß so viel wie Reizbarkeit oder Lebensfeuer. Gegen jene und für diese half Opium.

Anhänger John Browns unter den deutschen Romantikern waren Hoffmann, Schelling, Novalis. Novalis war der Verrückteste von allen. In »Die Christenheit oder Europa« wandte er Browns medizinische Begriffsfächer auf den Körper der Geschichte an. »Nichts vernichtet die Irritabilität des religiösen Sinns so wie der Buchstabe«, sagt er, und wenn ich übersetze, sagt er, die Frömmigkeit sei die Gesundheit, die Aufklärung die Krankheit. Und ohne daß ich übersetze, sagt Novalis, die Aufklärung habe Frankreich in »asthenischen« Zustand verbracht.

In der Invektive »Der neue Alcinous, zweiter Teil« behandelt Goethe seine Feinde als Kegel, die die Natur für ihn aufgestellt hat. »Hüben *Fichte*, drüben *Schelling*«, so erwarten sie Goethes Kugelwurf. »Dann die *Schlegels* und die *Tiecke*«, so purzeln sie. Und: »*Brown* steht hinten in dem Grunde«. Das Gedicht ist nicht allzu komisch. Ich will nur zeigen, daß man übereinander Bescheid weiß.

Kleist bezog sein Verständnis von den Naturwissenschaften in Dresden von Gotthilf Heinrich von Schubert. Er verschlang dessen Vortragsreihe »Ansichten von der Nachtseite der Naturwissenschaft«, die 1808 auch als Buch erschien. Er konnte, berichtet Schubert, »gar nicht satt davon werden«. Im Zustand des Somnambulismus, so brachte er es Kleist bei, empfindet der Einzelne »das Eingreifen eines künftigen Daseins«. (Damit Sie sehen, was für Vorstellungen von Ursache und Wirkung in jenen Kreisen gehandelt werden).

Auch E.T.A. Hoffmann bediente sich wissenschaftlicher Grundlegungen. Für die »Elixiere des Teufels« arbeitete er Schuberts »Symbolik des Traums« durch, ein Werk, worin Unterricht über das Ergehen der Seele nach dem Tod sich erhalten läßt, sowie ferner K.A.F. Kluges »Versuch einer Darstellung des animalischen Magnetismus als Heilmittel«.

Goethe kannte auch Schubert und nannte ihn (Riemer, 8.12.1808) einen »Moll-Ton der Natur«.

Der Physiker J.W. Ritter hielt es mit dem Galvanismus. Es waren die Jenaer Romantiker, die Schlegels voran, die für ihn schwärmten. Aus Galvanis Beobachtung, daß tote Frösche zu strampeln anfangen, wenn man ihre Muskeln oder Nerven mit Drähten aus zweierlei Material berührt, zog bereits Volta den Schluß, daß die Annäherung zweier verschiedener Materialien eine Art Reibungselektrizität erzeugen kann. Den Schluß, den Ritter zog, zog er 1798 in der Schrift »Beweis, daß ein beständiger Galvanismus den Lebensprozeß im Tierreiche begleitet«. Er schrieb auch ein Buch über die »animalische Elektrometrie«, nämlich zur Verteidigung der Wünschelrute.

Ritter war ein verkündender opium-eater und soll ein begabter Physiker gewesen sein. Hierzu, damit es nicht immer Goethe sei, den ich bemühe, einmal Lenin: *Keinem einzigen* dieser Professoren, die auf Spezialgebieten der Physik die wertvollsten Arbeiten liefern mögen, *darf man auch nur ein einziges Wort glauben*, sobald von Philosophie die Rede ist«.

Wir fragen uns: Was bewog die romantischen Schriftsteller, sich der Naturwissenschaft zu widmen und noch ihre Leser damit zu belästigen? Ich habe zwei Antworten auf diese Frage. Die erste: Es gab romantische Naturwissenschaften, und sie gehörten einmal zur Parteimeinung. Diese Partei wollte nicht, daß die Welt kapiert werde.

Es ging zwischen der Welt der Vernunft und der Welt der Unvernunft.

Unter den Formeln allen, den Epochenwiderspruch auszudrücken, war die Formel *Kuhpocken versus tierischer Magnetismus* sicher die absonderlichste.

Obwohl Europa die Pockenimpfung dem englischen Hochadel in Gestalt der Lady Montagu, die sie 1717 aus Konstantinopel mitbrachte, zu verdanken hat und den Magnetismus einem armen österreichischen Arzt aus der Zeit Maria Theresias, bestand die Romantik darauf, die Kuhpocken als egalitäres Gelüst von Despoten anzugreifen und aber den Mesmerismus an ihren asthenischen Busen zu drücken. Diese zwei alten Hüte der Medizin beschäftigten die ersten Jahrzehnte des 19. Jahrhunderts, als seien sie unerledigt. Was unerledigt war, waren nicht die Hüte, es waren die ersten Jahrzehnte des 19. Jahrhunderts.

Die Art von Wissenschaft, deren sich die Gegenrevolution befleißigt, ist die Wissenschaft, falsche Fragen zu stellen, und dann auch die, keine richtigen Fragen zuzulassen. Es genügte der Romantik völlig, daß Mesmers Schlaf nichts half und die Kuhpocken halfen. Geheilte Kranke waren in der medizinischen Debatte jener hochpolitisierten Tage eher ein Gegenargument.

Stalin, als er Wert auf die Meinung legte, die Naturwissenschaften eigneten sich nicht für den Klassenkampf, war wieder einmal zu vernünftig für diese Welt.

»Dennoch aber«, sagte Goethe am 19.2.1831, als von einem Impfunfall die Rede war, zu Eckermann, »bin ich dafür, daß man von dem strengen Gebot der Impfung auch ferner nicht abgehe, indem solche kleine Ausnahmen gegen die unübersehbaren Wohltaten des Gesetzes gar nicht in Betracht kommen«. – Das war keine Stellungnahme zur sozialen Hygiene. Das war eine Stellungnahme zugunsten der Klassik.

Es gibt noch eine andere Ursache für die Wissenschaftsliebe der Romantiker: die, daß sie einmal nicht dichten konnten. Was sie anzog, war die Menge der abgelegenen, hochgestochenen und schwerverständlichen Wörter, die die Wissenschaft ihnen zur Verfügung stellte. Die Poesie, das war ihnen ja klar, gibt ihr Geheimnis nicht leicht preis; Unverfolgbarkeit ist aber am mühelosesten zu erreichen, wenn der Leser bereits die Sprache nicht versteht. Der Gebrauch gelehrter Wörter als Schmuckwörter ist ein fast sicheres Kennzeichen des Dilettantismus.

Überhaupt verschleiern die Romantiker auf vielfältige Art ihre Bilder, in der Hoffnung, jedermann werde unter dem Schleier die Wahrheit vermuten.

2 DER BAKKALAUREUS

Ein romantischer Autor ist ein Autor,
der um seiner Jugendlichkeit willen geschätzt zu werden beansprucht.

Gegen die Romantiker spricht ferner, daß sie meistens zu jung sind. Von denen unter ihnen, die überhaupt eine nennenswerte Zahl von Jahren erreichen, muß eingestanden werden, daß sie weniger altern denn verschimmeln, so etwa von den

Schlegelbrüdern oder Schelling. Tieck allein hat etwas wie ein vorzeigbares Alter.

Figuren wie Wackenroder, Novalis, Theodor Körner, die Grünschnäbeligkeit derer, die das »Athenäum« verfaßten, erwecken Mißtrauen. Die Jugend ist eine Not, aus der der romantische Lebensstil versucht, eine Tugend zu machen.

Was hat es mit dem romantischen Jugendlichkeitswahn auf sich?

Zur Beweihräucherung der Minderjährigkeit bedarf es nicht, wie wir sie heute gern zur Erklärung heranziehen, der Eignung einer zahlungskräftigen Jugend für den kapitalistischen Massenkonsum. Die Zeit nach 1800 und die nach 1900 zeigen, daß von der Jugend oft nicht mehr verlangt wird als die Senkung der insgesamten Hirntätigkeit in einer Gesellschaft. Jugend muß nicht wohlhabend sein, um gelobt zu werden. Oft genügt, daß sie nicht klug ist.

Verfassungsfreunde brachten schon zur Zeit der napoleonischen Kriege gern vor, ein Halbwüchsiger, der nicht zu unreif sei, um als Soldat zu fallen, sollte reif genug sein, um als Wähler die Geschicke des Landes mitzuentscheiden. Aber das folgt aus dem nicht. Es ist ziemlich deutlich, daß es geringerer Einsicht bedarf zu sterben als zu wählen.

»Wir sprachen über die Figur des Bakkalaureus«, erzählt Eckermann am 6.12.1829. »Es ist« (sagte Goethe) »die Anmaßlichkeit in ihm personifiziert, die besonders der Jugend eigen ist, wovon wir in den ersten Jahren nach unserem Befreiungskrieg so auffallende Beweise hatten«.

Unserem Befreiungskrieg ist wirklich gut.

Wer gelegentlich in Goethes Werken liest, weiß, wieviel Beschäftigung, wieviel Trauer, wieviel Sorge um die Kunst und die Menschen in des Dichters untersuchendem Gemüt haben zusammenkommen müssen, um in ihm die Kraft zur

Erzeugung dieser entzückenden kleinen Humoreske (»Das ist der Jugend edelster Beruf! / Die Welt, sie war nicht, eh ich sie erschuf«) zusammenzutragen. Die Szene ist Ergebnis lebenslangen ärgerlichen Denkens. – Wir haben auch an anderer Stelle eine diesbezügliche Beschwerde, Kamptz' »Rechtliche Erörterung usw.« Gelegenheit gehabt anzuführen.

Im »Morgenblatt für gebildete Stände« Nrn. 266 bis 269 (7. bis 10.11.1814) stimmt Jean Paul in vier Folgen ins Klagelied ein. Beide, Kamptz und Jean Paul, äußern sich vor Gründung der Burschenschaft, vor dem Wartburgfest. Jean Pauls langer Aufsatz heißt:

»Ruhige Darlegung der Gründe, warum die jungen Leute jetzo mit Recht von dem Alter die Ehrfurcht erwarten, welche sonst dieses selber von ihnen gefordert«. Man versteht, der Titel ist ironisch, ein Spaß von der Art der Verkehrte-Welt-Späße. Auch Jean Paul, wie Kamptz, wie Goethe, zeigt herablassenden Humor, wie wenn ihm die Sache nicht besonders nahe ginge.

»Es wäre zu wünschen«, sagt er treuherzig, »Männer von Jahren begegneten Jünglingen mit jener Ehrfurcht, die ihnen sogar Damen nicht versagen«.

Von »*Schelling, Schubert, Schlegel*« macht er den Witz, sie hätten »von der ganzen Menschheit behauptet, daß sie sogleich mit höchster Kultur angefangen und erst später etwas barbarisch geworden«.

Der Aufsatz besteht aus solchen Witzen. Einige sind gut, einige weniger gut. Jean Paul eben.

Einen sehr unerwarteten Beitrag finden wir zum selben Thema im selben Journal (»Morgenblatt« Nrn. 76 und 77, 30. und 31. März 1815). Er ermangelt jeglichen Humors, und die Überschrift lautet: »Auch im Alter kann der Mensch zulernen. Von Hrn. Geheimrat Gruner«. Der Aufsatz hat über-

haupt keinen Nutzen als den, daß Gruner seinen frischerwor-
benen Geheimratstitel in einer Zeitung wollte gelesen haben.
Er besteht aus schwerfälligen Anekdoten nebst vielen gelehrten Anmerkungen, nämlich lateinischen aus der römischen
Antike, und ist hinreichend gekennzeichnet durch Wieder-
gabe einer derselben. Ich hatte vor, die komischste auszu-
wählen und mußte mich entscheiden.

Denn wenn Karl Justus Gruner zwar keinen Humor hat, so
ist er doch überaus komisch.

»Der kaiserl. Geheimrat, Freiherr von *Spangenberg*, ein
Abkömmling aus dem in der Kirchengeschichte so merkwür-
digen *Spangenberg*'schen Geschlechte und Schüler von *Leibniz*,
wurde von dem schwedischen Gelehrten *Byörnstähl* besucht,
dem der damals 78jährige Greis erzählte, daß er erst in seinem 63sten Jahre bloß durch eigenen Fleiß die hebräische,
syrische und chaldäische Sprache erlernt habe«.

Über einen Humor von großem Ernst und hoher Seelen-
ruhe verfügt Stalin in seinem Referat auf der XIII. Konferenz
der KPR (B), dem, welches Trotzkis berühmte »6 Fehler«
benennt.

Ich zitiere die Fehler 4 und 5.

»Der vierte Fehler, den Trotzki beging, besteht darin, daß
er die Jugend den Kadern der Partei gegenüberstellte, daß er
die grundlose Beschuldigung erhob, unsere Kader entarteten«.

»Der fünfte Fehler, den Trotzki beging, besteht darin, daß
er in seinen Briefen Veranlassung gab, ja die Losung aufstellte,
sich nach der studierenden Jugend zu richten, nach diesem
›sichersten Barometer unserer Partei‹«.

Was hätte ich mir, wäre ich in eine derartige Erörterung
gezogen, nicht alles einfallen lassen von Autorität und Erneuerung, Erfahrung und Brillanz, dem Verhältnis der Chinesen
oder der Katholiken zur Verehrungswürdigkeit von Institutio-

nen und dem der Physiker zum Aperçu. Stalin berührt alle diese Gegenstände nicht. »Bisweilen wird gesagt«, sagt er, »man müsse die Alten achten, da sie schon länger lebten als die Jungen, mehr wüßten und besser beraten könnten. Ich muß sagen, Genossen, daß diese Ansicht völlig falsch ist. Nicht jedes Alter muß man achten, und nicht jede Erfahrung ist für uns wichtig«.

Von der Jugend setzt er voraus, daß sie wenig leistet und alles zerstört. Eine Jugend, die alte Bolschewiken zerstört, befindet er, ist schlecht. Eine Jugend, die alte Sozialdemokraten zerstört, »auf deren Seite müssen wir sein«.

Das nenne ich sehr dialektisch gedonnert.

Es geht nicht um die Form der Gedanken, ob alt oder jung. Es geht um Inhalte.

»Die sogenannte romantische Poesie«, sagt Goethe am 28.8.1808 zu Riemer, »zieht besonders unsere jungen Leute an, weil sie der Willkür, der Sinnlichkeit, dem Hange nach Ungebundenheit, kurz der Neigung der Jugend schmeichelt«.

3 GLEICHE BRÜDER, GLEICHE KAPPEN

Ein romantischer Autor ist ein Autor,
der bei Georg Reimer verlegt ist.

Einige Germanisten rümpfen die Nasen, wenn man von der Romantik als von einer Erscheinung redet, die ihre Spielarten und Untergattungen haben mag, aber im Grunde eine einheitliche Sache ist und von einem Begriff gedeckt wird. Man möge, wollen sie, sich beschränken auf Namen wie Jenaer Romantik, Heidelberger Romantik, Berliner Romantik und was weiß ich.

Die Absicht hinter solch peinlicher Korrektheit ist vermutlich, die Frühromantik von der Schande der Demagogen zu entlasten. An Friedrich Schlegel soll was Vertretbares bleiben, auch wenn das beim Turnvater Jahn sich nun nicht mehr machen läßt.

Aber Unterscheidungen wie Früh- und Spätromantik, Schlegelei und Germanomanie werden von den Romantikern selbst nicht vorgenommen. Sie begreifen einander als gleichgesinnte Dichter. Zu den älteren treten jüngere, zu den verstorbenen wachsen andere nach. Die gesellschaftlichen Aufgaben ändern sich, mit ihnen die Lösungen. So lebt ein Organismus, eine Schule.

Jeder kennt jeden, besucht jeden, fördert jeden, borgt bei jedem. Kein Romantiker keiner Schattierung hat keinen Romantiker je bekämpft.

Wir geben für die Wirklichkeit der Verallgemeinerung Romantik einen Beweis. Alle Abteilungen der Romantik haben Georg Andreas Reimer zum Verleger.

Reimer, Verleger zu Berlin von 1800 bis 1842, beginnt mit dem Druck von Schleiermacher und ändert fortan an seinen Meinungen nichts mehr. Für seine Denkart zeuge eine Anekdote. 1806, als Berlin von den Franzosen besetzt war, erhielten die Bürger den Befehl, alle Waffen abzugeben. Reimer hatte viele Waffen und gab sie nicht ab. Als Gesinnungsfreunde ihm zur Vorsicht rieten, sagte er, wenn wir Fouqué glauben:

»Laßt sie suchen bei mir; ich kann ihnen nicht wehren. Und wenn sie was finden, laßt sie mich erschießen, wenn sie wollen und können. Ich überliefere mich nicht freiwillig, wehrlos in ihre Gewalt; die Wehr bedingt den Mann, kein Mann ohne Wehr«.

Es ist gleich, ob er diese Worte sprach oder ob er es hinnahm, daß Fouqué diese Worte von ihm überlieferte. Als er sich 1813 zur Landwehr stellte, wurde er Hauptmann und Chef einer Kompagnie. Denn er hatte auf Schießständen und

Turnplätzen die Fähigkeit hierzu erworben. Er wurde als Demagoge angeklagt, aber nicht überführt. Sein Bild hängt im Börsensaal der Buchhändler zu Leipzig neben dem des nicht minder abstoßenden Friedrich Christoph Perthes. Seiner Frau machte er sechzehn Kinder.

Autoren aus dem Programm des Verlags Georg Andreas Reimer.

Friedrich Schlegel.
August Wilhelm Schlegel.
Friedrich Schleiermacher.
Ludwig Tieck.
Novalis.
Heinrich von Kleist.
Achim von Arnim.
Ernst Theodor Amadeus Hoffmann.
Johann Gottlieb Fichte.
Wilhelm von Humboldt.
Barthold Georg Niebuhr.
Henrik Steffens.
Karl Wilhelm Ferdinand Solger.
Friedrich de la Motte Fouqué.
Max von Schenkendorf.
Karl August Varnhagen von Ense.
Ernst Moritz Arndt.
Wilhelm Martin Leberecht de Wette.
Christian Friedrich Ruehs.
Joseph von Görres.
Jacob Grimm.
Wilhelm Grimm.

Nebst nicht wenigen Büchern über den Freiherrn vom Stein.

4 HERMLIN EMPFIEHLT

Ein romantischer Autor ist ein Autor,
dessen mißratenste Werke in den siebziger Jahren des zwanzigsten
Jahrhunderts im Zuge einer unfreundlichen Übernahme des
Sozialismus durch revisionistische Literaten dem DDR-Publikum
ans Herz gelegt wurden.

Die Konterrevolution von 1989 wurde von wenigstens zwei
sowjetischen Geheimdiensten, auch wohl von denen unterstellten Kräften im Staatssicherheitsdienst der DDR ins Werk
gesetzt. Nach außen hin einberufen wurde sie von Künstlern.
Zur Einberufung der Konterrevolution bequemten sich Mitglieder der Akademie der Künste der DDR, des Deutschen
Theaters Berlin, des Berliner Ensembles, ferner auch des
Staatsschauspiels Dresden. Kein Arbeiter, kein Bauer und
kein Wirtschaftsleiter beteiligte sich an der Abschaffung des
SED-Staats, freilich eine größere Anzahl von Amtsinhabern
von der SED.

Natürlich fiel etlichen auf, daß ein sehr ähnliches Unglück
schon einmal sich angeschickt hatte stattzufinden. Der Lyri-
ker Wolf Biermann ließ sich im November 1976 in die BRD
schicken und ausbürgern. Einen Tag drauf hatte Stephan
Hermlin zwölf Schriftsteller beisammen und wenige Tage
drauf Manfred Krug eine Gruppe von Schauspielern, die
gegen die Ausbürgerung Biermanns Einspruch erhoben.
Westdeutsche Radios legten Listen auf, auf denen sich weitere
Musensöhne und -töchter dem Einspruch anschlossen. Die
Regierung der DDR wünschte damals noch nicht zurückzu-
treten und stellte die Sache ab. Andernfalls hätte die DDR ihre
Konterrevolution schon dreizehn Jahre früher erlitten.

Die Ereignisse waren öffentlich und sind bekannt geworden. Kaum einer indessen weiß, daß auch dieser Versuch, die

Konterrevolution durch Angehörige der künstlerischen Intelligenz in Gang setzen zu lassen, seine Präzedenz hatte, gerade nur ein halbes Jahr vorher. Im Frühjahr 1976 hielt Franz Fühmann einen Vortrag vor der Sektion Literatur und Sprachpflege der Akademie, der auch im Dritten Heft der Zeitschrift »Sinn und Form« erschien. Er trug den unauffälligen Titel »E. T. A. Hoffmann«, handelte tatsächlich von den »Elixieren des Teufels« und begann mit der Anrede »Verehrte Freunde und Gegner!«

Nun kann man nicht sagen, daß die Romantik in der DDR bis dahin auf den Panieren irgendwelcher Kämpfe gestanden hätte, so wie es bei Franz Kafka ja gewiß der Fall war. Werk- und Einzelausgaben der romantischen Dichter lagen als ungeprüftes nationales Erbe vor. Ihnen wurde so viel oder so wenig Beachtung zuteil, wie sie erhielten. Fühmanns Absicht war nicht, der Romantik zu ihrem Recht zu verhelfen. Er wollte die Romantik an die Macht.

»Ginge es bei diesem Romantik-Erlebnis«, so Fühmann, »nur um mein persönliches Bildungsproblem, würde ich mich scheuen, darüber zu sprechen, doch es handelt sich ja um ein unübersehbar hervortretendes Bedürfnis vieler«. Ich will dem Herrn Redner nicht unhöflich ins Wort fallen. Aber Bedürfnisse, weiß der Ökonom, werden einmal erzeugt.

Erzeugt werden soll, bei Hoffmann und bei Fühmann, eine Übertreibung politischer Unzufriedenheit. »Was Hoffmann in seinem Mönchsroman so erzählt, daß es einen aus dem Schlaf schreckt«, fährt Fühmann fort, »ist doch nichts Anderes als die Verknäulung des Einzelmenschen in Umstände, die er nicht geschaffen, sein Hineingestelltsein in Zustände, die er nicht verschuldet, sein Beladensein mit Bürden, unter denen er ächzt«. Was Fühmann aus dem Hoffmann abzieht, ist dessen Die-Welt-ist-unerträglich-Predigt. Hoffmanns Welt war so

unerträglich, wie sie war. Aber schuld war ja gar kein meta-
physisches Erbübel. Schuld an Hoffmanns Unwohlsein war,
daß er soff und kokste.

Ich hatte bereits die Ehre, Ihnen den besagten Hoffmannschen Roman vorzustellen, und muß es nicht noch mit dem
Fühmannschen Gerede. Es war klar, in diesem Auftritt zeigte
sich die Absicht einer Inthronisation der Romantik.

Fühmanns Kollege Peter Hacks hielt für angezeigt, die
Gesellschaft, in der er lebte, gegen dieses Vorhaben zu vertei-
digen. Er verfaßte eine Charakteristik Friedrich Schlegels,
»Der Meineiddichter« überschrieben, welche unternahm, die
Romantik bei der Wurzel und in ihrem Wesen zu packen, und
er trug sie am 1.6.1976 seinen Sektionskollegen vor.*

Es war Stephan Hermlin, der Franz Fühmann in Schutz
nahm.

»Ich lasse mir nicht einreden, daß die Romantiker, wie das
hier diktatorisch behauptet wurde, samt und sonders schlechte
Dichter gewesen wären«, wetterte – vielleicht darf ich so sagen,
wetterte – wetterte er. Um überraschender Weise auf Tiecks
»Blonden Eckbert« zu kommen. Ich hatte auch bereits die
Ehre, Ihnen das besagte Tiecksche Märchen vorzustellen, und
brauche auch diese Leseempfehlung nicht im Einzelnen durch-
zusprechen. »Wenn mir jemand erzählen wollte«, wetterte
Hermlin, »daß ›Der Blonde Eckbert‹ – eines der höchsten Pro-
dukte deutscher Prosa meiner Meinung nach – schlecht
geschrieben wäre, erübrigt sich jede weitere Diskussion. Ich

---

* Auch Hacks ließ seine Ausführungen drucken, vermied aber »Sinn und Form« und
zog die ihm politisch eine Spur näherstehende »Neue Deutsche Literatur« (5-1977)
vor. – »Sinn und Form«, die Zeitschrift der Akademie der Künste der DDR, unter-
stand seit ihrer Gründung im wesentlichen drei Chefredakteuren. Unter Peter Huchel
war sie eine nichtsozialistische Zeitschrift, unter Wilhelm Girnus war sie eine antiso-
zialistische Zeitschrift, unter Max Walter Schulz war sie eine proimperialistische Zeitschrift. Den Jahrgang 1976 verantwortete Girnus.

glaube, wenn Tieck nichts anderes geschrieben hätte als nur diese dreißig Seiten des ›Blonden Eckbert‹, er damit unter die großen deutschen Dichter aufgenommen wäre ... Das hat uns die Klassik nicht geliefert«.

Nach drei Jahren fiel noch Christa Wolf ihren Freunden Fühmann und Hermlin bei, vermöge der Erzählung »Kein Ort. Nirgends«, Luchterhand 1979. In diesem Text haben Heinrich von Kleist und Karoline von Günderrode eine erdachte Begegnung, deren Stil uns mit mancherlei Blüten erfreut.

»Der geheime Rat, sagt Kleist, doch auch Herr Merten preisen mir die Vorzüge der neuen Zeit gegenüber der alten. Ich aber, Günderrode, ich und Sie, denk ich, wir leiden unter den Übeln der neuen«.

Kleist sagt auch: »Ordnung! Ja: Ordentlich ist heute die Welt. Aber sagen Sie mir: Ist sie noch schön?«

Kleist sagt auch: »Jetzt fehlt noch, daß jemand Fortschritt sagt«.

Wolfs Kleist hat ein Hauptanliegen: »Ich kann die Welt in gut und böse nicht teilen; nicht in zwei Zweige der Vernunft, nicht in gesund und krank«. Sehr ähnlich hat es bereits Herm-lin gebildet: »Nun ist eben hier doch ein Versuch wiederholt, in der Literatur immer wieder zwei Grundrichtungen heraus-zufinden«. Beide haben Fühmanns Zweck klar aufgenommen. Fühmanns Zweck ist der »ethisch-soziale Wertpluralismus«.

»Aus dem Erbe«, das ist Fühmanns Streitsatz, »läßt sich ebensowenig eine einzelne Linie als die gültige herauspräpa-rieren wie eins der beiden Nervensysteme aus dem lebendi-gen Organismus«.

Das Trickwort Pluralismus hat einen genauen deutschen Sinn. Pluralismus, das bedeutet die Alleinherrschaft der schlechten Seite.

Diese Fühmannsche Debatte wurde nie amtlich und führte zu keinen offensichtlichen Wirkungen. Was sie anrichtete, war Schlimmeres als bloß ein Aufruhr. Die Hochschulen und die Medien, und das hieß in der DDR: die Regierung, stellten sich rückhaltlos hinter Fühmanns Feldzug. Die neue Einschätzung der Romantik wurde für jedermann verbindlich. Im Goethejahr 1982 spielte mit Ausnahme eines Off-Theaters keine einzige Hauptstadtbühne ein Stück von Goethe. Im darauffolgenden Goethejahr 1999 war Weimar in einen Affenfelsen verwandelt, und aus ihrer Hauptstadt war, außer Goethe, auch die DDR selber verschwunden.

Georg Lukács weiß: »In der imperialistischen Epoche erleben wir ein neues weltanschaulich-politisches Wiedererwachen der Romantik« (»Fortschritt und Reaktion in der deutschen Literatur«, 1947).

5   BERUF WANDERER

Ein romantischer Autor ist ein Autor,
der gewohnheitsmäßig auf unbegründeten Reisen unterwegs ist.

Eine Schwierigkeit für die vormodernen Spione war die Unbeweglichkeit der vormodernen Bevölkerung. Stände sind seßhaft. Wer in der Feudalzeit eine Reise unternahm, fiel auf, dort, wo er ankam, und dort, wo er abfuhr. Wer öfter in die Weite schweifte, als es der bescheidwissenden Nachbarschaft erklärlich war und den Visitationsbehörden einleuchtete, machte sich verdächtig und wurde mit Vorsicht betrachtet. Das ist der Grund, aus dem Ludwig XI Spielleute von Trobadoren als Spione bevorzugte und Walsingham Mitglieder wandernder Schauspielertruppen: sie waren Personen, deren üblicher Zustand ist, auf Achse zu sein, und die ihre Anwesenheit vor niemandem rechtfertigen müssen.

Noch Mata Hari ist eine Spionin dieses vagabundierenden Typs.

Die fahrenden Scholaren um 1800 glichen den vormodernen Spionen in diesem Punkte. Ihre Schriftstellerei konnte ihre Herumtreiberei erklären und war die Bedingung ihrer Auswahl. Was sie indessen eigentlich zu ihrem Amte berief, war ihre Fähigkeit zur Einflußnahme und Überredung. Sie machten sich nützlich als Aufweichler der Gegenseite. Natürlich sind ihre Reisen oft bloß Botengänge; sie beförderten Nachrichten und Geldbeträge an ihre Reiseziele. Fast immer aber waren sie Spione aus Überzeugung und hatten geistige Beweggründe.

Vor allem Gruners *hohe Polizei* beschäftigte Dichter, die wanderten. Jetzt, wo deren Lebensläufe geschrieben sind, gibt es ein merkwürdig einfaches Mittel, ihnen hinter ihre geheimdienstliche Tätigkeit zu kommen. Es genügt, die Lücken in den Lebensläufen zu bemerken, und Sie erkennen den Tatbestand ihrer konspirativen Ausflüge. Wenn Sie einen Schriftsteller haben, der aus unerkennbaren Anlässen mit unerratbaren Geldmitteln zu unklaren Zielen hin strebt, haben Sie einen gegenbonapartistischen, in der Regel englischen Spion.

Die Spione reisen meist zu Fuß, sei es aus Kosten-, sei es aus Vorsichtsgründen. Die Dichte ihrer Besuche häuft sich an bestimmten Orten. Immer gehen sie nach Paris, immer gehen sie nach Königsberg, immer gehen sie nach Prag, oft über Dresden. Schleiermacher wird von Gneisenau als »Reisender« eingesetzt. Die Leute, die die Verbindung zu Gruners festen Residenten hielten, nannte Gruner ein wenig tautologisch »bewegliche Reisende«.

Den Lebenslauf von Jahn entnehme ich gleich der »Allgemeinen Deutschen Biographie«. Nach seiner Hauslehrerzeit, heißt es dort, »führte er mehrere Jahre hindurch ein wanderndes Leben ... Im Herbste 1806 machte er von Goslar aus, wo er einen Freund besucht hatte, sich auf, um dem Prinzen Louis Ferdinand seine Dienste anzubieten ... Die folgenden Jahre war er, immer rastlos wandernd, eifrig bemüht, im Vaterlande Gefühl für deutsches Volkstum und Selbstvertrauen zu erwecken«.

Nicht ganz so unbestimmt klingt »eine in Jahns ›Memoiren‹ (1835) mitgeteilte Episode«, die uns von Otto W. Johnston weitergegeben wird. »Kurz vor der britischen Landung am Scheldt entlang hatte er als Reisebegleiter eines britischen Agenten gedient«.

Auf Arndt macht uns ADB mit einer großen Zahl von Hinweisen neugierig. Für 1797 verzeichnet das Nachschlagwerk ein »unstetes Wanderleben eineinhalb Jahre lang«. Für 1798 und 99 verzeichnet sind »Reisen durch einen Teil Deutschlands, Ungarns, Italiens und Frankreichs«; ein »Sommer in Paris« machte ihn zum Franzosenhasser. Für die Zeit nach Jena verdrückt er sich nach Schweden und Schwedisch Pommern.

»Männer, die sich geistig so nahe stehen, wie Arndt und Kleist«, ergänzt Reinhold Steig, »treten in persönliche Gemeinschaft mit einander, wo sie sich treffen. Arndt, wiewohl geächtet von Napoleon, erschien mehrmals zu heimlichem Aufenthalt in Berlin. Er wohnte dann bei seinem Freunde und Landsmann Reimer. Wir durchschauen eigentlich nicht mit Sicherheit, aus welchem politischen Anlaß Arndt sich immer von neuem der großen Gefahr aussetzte, und zu welcher Verwendung die so erworbene Kenntnis Berliner Zustände bestimmt war«.

Die Rede ist vom Winter 1809/10. ADB regt hiernach unsere Gedankentätigkeit mit folgendem Satz an. »Er begab sich über Trantow mit einem russischen (!) Paß Anfang Januar

1812 heimlich nach Berlin, von da nach Breslau. Von Breslau ging er zu Fuß durch Schlesien nach Prag (!), von dort durch Galizien nach Petersburg (!) zum Freiherrn vom Stein (!)«.

Einen noch späteren Zeitabschnitt beobachtet der Bibliothekar an der Königlichen Bibliothek zu Berlin, der Dr. Heinrich Meisner, dem wir die bescheuerte, doch einzige Biographie Johanna Motherbys verdanken. »Auch für Arndt begann eine neue Periode seines Lebens. Der große Kampf des Vaterlandes war zu Ende, der all sein Fühlen und Können in Anspruch genommen hatte. Als freier Mann, der Fesseln des Amts und der Liebe ledig, trat er Ende Oktober 1814 eine Wanderung nach Berlin an und lebte dort den Winter hindurch. Im April 1815, als durch Napoleon's Rückkehr der Krieg aufs neue entbrannt war, ging Arndt nach dem Westen, wo er in Köln bis über den Winter 1815/16 lebte. Dann zog es den Wanderlustigen wieder fort; er besuchte im Frühjahr 1816 seine Freunde in Berlin und seine alte Heimat Rügen und Vorpommern und hielt sich ein Jahr lang daselbst auf. Am 4. Mai 1817 war er in Berlin. Dorthin trieb ihn sein Herz«.

Kleist, wenn wir fortfahren, ADB zu folgen, unternimmt in der zweiten Hälfte des Jahres 1800 im Auftrag des »Berliner Zolldepartements« und des »englischen Ambassadeurs Lord Elliot« eine, laut seiner Schwester Ulrike, Reise »politischer Natur«. Die Zeit zwischen April 1801 und Juni 1802 vergeht mit Reisen in Deutschland, einem Verweilen in Paris und dem Abstecher in die Schweiz. 1803 wieder in Paris, begibt er sich nach Boulogne, wo Napoleon die Invasion Englands vorbereitet. An der, angeblich, will Kleist teilnehmen, angeblich um sich die Mühe eines Selbstmords zu ersparen. Die Franzosen ergreifen ihn als Spion. 1804 gelangt er über Potsdam nach Königsberg. 1807 geht er wieder nach Berlin, wird wieder festgenommen und in Frankreich interniert. Von 1807 an beginnt sein Dresdener Aufenthalt und habe ich Kleists Geschichte oben geschildert.

Hillers erste Reise, die ihn von Köthen zu Louis Ferdinand nach Magdeburg, zum Vater Gleim nach Halberstadt und zur Königin Luise nach Berlin führte, fand statt 1803, die zweite, 1806, »durch einen Teil von Sachsen, Böhmen, Oestreich und Ungern«. Wer dem unvermögenden Mann die Spesen bezahlte, weiß keiner. Das Taubennesterflechten war mit diesen Reisen vorbei. Hiller flocht keine Taubennester mehr, lebte aber noch 20 Jahre, teils reisend, teils in seiner eigenen Häuslichkeit in Bernau. Wovon lebte und reiste der Mann 20 Jahre lang? Daß er seinen Unterhalt vom Ertrag seiner Verse gehabt habe, würde Hiller gern hören; von mir freilich hört er es nicht. Gottlieb Hiller kann nichts anderes gewesen sein als ein englischer Spion.

Goethe schien Hiller vor der Wahl zu stehen zwischen einer preußischen Hofnarrenstelle und der »Expatriierung«. Ich habe die letztere Empfehlung in meiner Untersuchung über Hiller als Wink genommen, in Frankreich eine plebejische Laufbahn zu versuchen, halte diese Auslegung aber inzwischen für ganz abwegig und möchte sie gern widerrufen. War es nicht eher ein Wink an das *Naturkind*, sich nach dem Norden hin zu wenden, nach Rußland oder nach England?

So ist die Romantik durch ihr Fernweh weithin bekannt geworden. Auch Studenten wanderten gern, wenn man sich an die Fußreise des Karl Ludwig Sand von Jena nach Mannheim erinnert.

HIGH DEFINITION

»Was ist romantisch, wer ist Romantiker?« Diese Frage stammt aus einem geistvollen und nicht unbeschlagenen Aufsatz von Heinrich Laube in der »Zeitung für die elegante Welt« vom 18.11.1833. Ich muß bedauerlicher Weise hinzufügen, daß auch sein Verfasser verabsäumt, sie zu beantworten. Laube gibt keine Begriffsbestimmung, und, um mit der traurigen Nachricht gleich herauszurücken: Es gibt auch sonst keiner eine. Niemand hat uns bisher sagen mögen, was die Romantik sei.

Zur *Kunst der Definition* gehört ein Verfahren nicht: die Aufzählung einer beliebig verlängerbaren Reihe von Eigenschaften, die dem zu bestimmenden Begriff zukommen. Kaum mehr als diese negative Aussage hat die Abhandlung, die wir hier unternehmen, bisher ergeben. So additiv, so unverdrossen eins zum andern ginge es immer weiter, geht es also nicht weiter. Die Menge der Einzeltatsachen, die eine Definition aufführt, spielt für ihren logischen Wert keine Rolle. In Einzeltatsachen setzt das Gesetz sich durch, aus ihnen setzt es sich nicht zusammen.

Definition einer Definition.

Eine Definition ist das Aussprechen des Inhalts eines Begriffs vermöge von richtig verbundenen Merkmalen. Die Merkmale, aus denen die Definition besteht, sind so verbunden, daß ein Hauptmerkmal durch andere Merkmale dahingehend eingeschränkt wird, daß das vollständige Wesen der beurteilten Sache an den Tag gebracht ist und alle unzugehörigen Sachen ausgeschlossen sind. Eine Definition enthält weder zu wenig, noch zu viel; sie umfaßt alles und nichts drunter oder drüber.

Eine Definition der Romantik im geschichtlich engen Sinn habe ich 1982 vorgelegt: Romantik ist die Stimmung der gegenbonapartistischen Fronde, einer zugleich konservativen und ultralinken Negativkoalition gegen Napoleon.

Hierbei habe ich die Revolution, das Konsulat und das Kaiserreich nicht unterschieden. Es ist in Einzelfällen nötig, sie zu unterscheiden; für den Grundbegriff ist es nicht nötig. Das Wort *Stimmung* schließt die Möglichkeit aus, die Romantik könne eine Kunstrichtung oder eine Theorie gewesen sein. Eine Fronde, ein Bündnis zweier Unvereinbaren, kann nichts philosophisch Belangvolles zustandebringen.

Ich will von dieser engen Definition der eigentlichen Romantik nicht ablassen, werde aber neue Ansätze hinzufügen. Der Romantikbegriff nämlich läßt sich auch in einem weiten und bloß soziologischen Sinn gebrauchen: als Stimmung von Fronden als solchen. Diese erweiterte Definition lautete: Romantik ist die Stimmung einer Fronde. Es wäre dann statt von der Romantik von Romantiken zu sprechen. Und man kann, in einem ganz weiten Sinn, vom Gesellschaftlichen überhaupt absehen und nach seelischen Eigenschaften von Leuten fragen, die sich zum Frondieren eignen. Die weiteste Definition, die so herauskäme, heißt: Romantik ist die Gemütslage von Frondeuren. Das sind Ausdehnungen des Romantikbegriffs, die manches Durcheinander in die Erörterung gebracht haben, aber nützen, sofern man auch sie definiert.

Wir wollen abschließend erwähnen, daß eine Sache gut definiert ist, wenn die Definition sagt, wie die Sache ist, besser aber, wenn sie sagt, wie sie geworden ist.

Der europäische Gegenbonapartismus hat seinen Ausgang genommen in England. Die Whigs, das Opium, die Freimaurer und der Secret Service, sie alle, mit denen, wie wir erfuhren, die Romantik zusammenhängt, hängen an dieser spitzen Insel. Die Romantik wurzelt in England, wird ausgelöst durch

Frankreich und hat ihre Vollkommenheit in Deutschland. Vermöge der Romantik bundelt die Regierung Englands alles, was die Engländer können und wissen, zu einer ideologischen Breitseite gegen das revolutionäre Frankreich.

Diese Stimmung entsteht nicht, sie wird gegründet.

Sie wird nicht unmittelbar mit dem Ausbruch der Revolution gegründet. Pitt hält die Französische Revolution zunächst für eine gegenabsolutistische Erhebung der Stände, also für leidlich, möglicherweise auch für den Zusammenbruch Frankreichs, also für begrüßenswert. Im Ausland, beispielsweise in Weimar, gibt es sogar Personen, die sie amusant finden. Englands Premier wacht nicht vor 1792 auf. Erst 1794 entschließt er sich zur Zusammenarbeit mit Burke. Erst zwischen 1792 und 1794 wird die Romantik Geheimdienstsache.

Für das Werden der Romantik können wir eine Zeittafel aufstellen.

1792: Septembermorde, Ausrufung der Republik, Eroberung von Mainz.

1793: Enthauptung Ludwigs XVI.

1794: La Terreur. Thermidor. (Ihnen ist deutlich, daß das abgeschlagene Haupt Robespierres für England noch bedrohlicher war als das des Königs: Es beendete die Hoffnung auf Anarchie). Eroberung des linken Rheinufers.

1795: Tiecks »Lovell«.

1796: Wackenroders »Herzensergießungen«.

1797: Novalis' »Hymnen an die Nacht«.

1798: Schlegels »Athenäum«.

1799: Schleiermachers »Über die Religion. Reden an die Gebildeten unter ihren Verächtern«.

In Frankreich selbst tut der englische Geheimdienst sich schwerer als im abhängigen Deutschland. Die deutsche

Romantik entsteht vor der französischen. Was Englands Dienste in Frankreich vorzeigen können, ist, 1793, der Vendéekrieg, viel später aber erst, ab 1800, der René Chateaubriand und die Frau von Staël. In der Zeit, wo die Franzosen mit ihrer Romantik anheben, sind die Deutschen mit ihrer schon fertig. Die Romantik ist die englische Weise, sich über Frankreich zu ärgern, aber ohne Vorangang der Deutschen wäre aus der internationalen Romantik nicht viel geworden.

Unser Ziel ist nicht, die Romantik zu widerlegen. Unser Ziel ist, die Romantik zu beschreiben und ihr Zustandekommen zu erklären. Eine furchtbare Dichtart, und so erfolgreich. Warum? Und warum bei den Deutschen?

Boden für Fronden gibt es nicht nur in Frankreich, auch in Deutschland. Deutschland wird regiert von Fürsten, die keineswegs schlecht dastehen, was Sicherheit im Gerichtswesen, Zurückdrängung des Aberglaubens und Duldung allerlei neuzeitlicher Geistestätigkeiten betrifft. Die Fürsten haben eine rechte Gegnerschaft, den Adel. Die Fürsten haben eine linke Gegnerschaft im Bürgertum. Hiermit meine ich weniger die Überfortschrittlichen, die deutschen Jakobiner, die die *Republik jetzt* verlangen; wer in Deutschland auf Seiten des Fortschritts steht, weiß im Allgemeinen, was er seinem Fürsten schuldet. Gefährlich sind die ständischen Bürger, die sich selbstverwalten und ihre politische Wildheit der Gesittung nicht unterwerfen wollen. Sie haben ihre Geburtsämter und erblichen Vorrechte auch und verteidigen sie, gemeinsam mit den Junkern, unter der Freiheitsfahne. Noch Frankreichs Generalstände begannen als eine Fronde solcher Zusammensetzung, bis der dritte Stand sich ermannte und sich als revolutionäre Klasse begriff.

Für dieses ständische Bündnis wählten auch die Deutschen eine nationale Überschrift. Nation ist hier nicht, wie seit der

Revolution in Frankreich, Feldzeichen und Idee des aufgeklärten fruhkapitalistischen Bürgertums. Nation ist hier Feldzeichen der Fronde. Es gibt eine Schrift von Adam Müller »Über König Friedrich II.«, worin er, laut R. Steig, »einer neuen ständischen Verfassung *nationaler* Natur das Wort« redet. Die antifürstliche Fronde ist die gesellschaftliche Grundlage der antibonapartistischen Fronde: der deutschen Romantik.

Eine Negativkoalition, da sie einmal nicht siegen kann, kann nur eines, ein Gemeinwesen in den Abgrund reißen. Der Erfolg, den zu haben sie berufen ist, ist das Verderben. Die Frage: Was streben Sie an? beantwortet ein derartiger Zusammenschluß nie, nur die Frage: Was lehnen Sie ab? Zu einer Frondestimmung gehört zunächst und wesentlich die Lust am Zerstören.

Zum Denken einer Fronde gehört das Willkürliche und Beliebige, zur Ästhetik einer Fronde das Formzertrümmernde. Das Durchführbare an einer Politik ist für die Verhinderer von der Fronde das Verwerfliche. Ihr Mißverhältnis zum gesellschaftlichen Gesamt verbietet der Fronde jede Objektivität und jeden Realismus außer einem Realismus der Intrige und der Tücke.

Das ist, wofür wir die Romantik fürchten. Das erste Auftauchen der Romantik in einem Land ist wie Salpeter in einem Haus, Läuse auf einem Kind oder der Mantel von Heiner Müller am Garderobenhaken eines Vorzimmers. Ein von der Romantik befallenes Land sollte die Möglichkeit seines Untergangs in Betracht ziehen.

Ich will meine Romantikdefinition nicht allein erfunden haben. Hätte ich es, spräche das gegen dieselbe.

Es gibt keine Wahrheit, die nicht die Autoritäten auf ihrer Seite hat.

Die Autoritäten, die ich heranziehe, sind Goethe, Hegel und Heine. Die drei, sonst keine. Es sind die größten Geister unserer Nation, und sie sind Zeitgenossen der Romantik, die deren Umtriebe am Leib erfahren haben. Ihre Zahl bedarf keiner Vermehrung. Angesichts ihrer Zeugenschaft ist schon überflüssig, bei Rudolf Haym, Georg Lukács oder gar Hacks nachzusehen. Durch sie ist die Sache Romantik eine begrifflich abgeschlossene, eine erledigte Sache.

Goethe, Hegel und Heine geben keine Definition der Romantik, aber natürlich haben sie eine. Ich will den Ausleger machen und, was sie in ihren Texten einbegreifen, für Sie herauserklären.

Goethes Vorzeigschrift gegen die Romantik ist der Aufsatz »Neudeutsche religios-patriotische Kunst«, den er sich 1816 von Johann Heinrich Meyer unterschreiben ließ.

»Inzwischen war der Hang zum Altertümlichen in dem Volke wach geworden, der nunmehr unter patriotisch-nationaler Form hervortrat. Groß, ja übertrieben wurden die Äußerlichkeiten einer besser geglaubten Vorzeit wertgeschätzt, man wollte recht mit Gewalt zur alten Deutschheit zurückkehren. Daher die Sprachreiniger, die Lust an Ritterromanen und Schauspielen, Turnieren, Aufzügen, samt dem ganzen gotischen Spitzen- und Schnörkelwesen, welches bis in selbst die Kleidung sich erstreckte«.

Vom »höchsten, alles übersehenden Standpunkt«, endet Goethe, »läßt sich die betrachtete patriotische Richtung des Kunstgeschmacks wohl billig als Folge ...« Ich sorge für Kürze. Als Folge des Kriegs gegen Napoleon, das ist es, was Goethe hier sagt.

Goethes unverblümte Meinung über die Romantik steht in den Gesprächen mit Eckermann.

»Meine ganze Zeit«, äußerte Goethe am 14.4.1824 gegenüber Eckermann, »wich von mir ab, denn sie war ganz in subjektiver Richtung begriffen, während ich in meinem objektiven Bestreben im Nachteile und völlig allein stand«.

»Mir war jedes Genre recht«; erzählt am 22.3.1825 der Theaterdirektor Goethe, »aber ein Stück mußte etwas sein, um Gnade zu finden. Es mußte groß und tüchtig, heiter und graziös, auf alle Fälle aber gesund sein und einen gewissen Kern haben. Alles Krankhafte, Schwache, Weinerliche und Sentimentale, sowie alles Schreckliche, Greuelhafte und die gute Sitte Verletzende war ein für allemal ausgeschlossen«.

»Alle im Rückschreiten und in der Auflösung begriffenen Epochen sind subjektiv, dagegen haben aber alle vorschreitenden Epochen eine objektive Richtung. Unsere ganze jetzige Zeit ist eine rückschreitende, denn sie ist eine subjektive«. Auf seine jetztseienden Tage scheint Goethe am 16.1.1826 nicht eben viel zu halten. Er wiederholt: »Jedes tüchtige Bestreben dagegen wendet sich aus dem Inneren hinaus auf die Welt, wie Sie an allen großen Epochen sehen, die wirklich im Streben und Vorschreiten begriffen und alle objektiver Natur waren«.

Goethe zu Eckermann am 24.9.1827: »Ich will ihre Poesie die ›Lazarett-Poesie‹ nennen«.

Wir kamen »auf die Bedeutung von *klassisch* und *romantisch*«, berichtet Eckermann. Und Goethe findet die Summe seiner Überlegungen in der bekannten Formel:

»Das Klassische nenne ich das Gesunde und das Romantische das Kranke«.

Es war am 2.4.1829.

Goethe hatte an dem Satz genau achtzig Jahre gearbeitet.

Hegel nimmt sich die Romantik zur selben Zeit vor, zwischen 1822 und 1831, in den Berliner Schriften. Es gibt deren je eine über Schleiermacher und die romantische Theologie, Solger und die romantische Ästhetik, Hamann und die romantische Philosophie und Görres und die romantische Geschichtsschreibung. Einige Aushebungen mögen eine Ahnung von dem Ton vermitteln, welchen Hegel dem romantischen Gegenstand gegenüber anschlägt.

»Das Übel der Zeit«, sagt Hegel, ist »die *Zufälligkeit* und *Willkür* des *subjektiven* Gefühls und seines Meinens«. (»Schleiermacher«).

Mit dem Geschmack, sagt Hegel, kam es dahin, »daß der Sinn für Gehalt und Inhalt sich in die *subjektive Abstraktion*, in ein *gestaltloses Weben* des Geistes in sich zusammenzog«. (»Solger«).

»Weder Kunstwerke oder etwas der Art noch wissenschaftliche Werke kann die Singularität hervorbringen«, sagt er. (»Hamann«). Und: Hamann ist gegen seinen König nicht »über die Ansicht eines abstrakten Hasses gegen die Aufklärung hinausgekommen«.

»Vornehmlich ist es in der *dritten Vorlesung*«, sagt Hegel, »daß solcher Reflexionsformalismus mit dem gleich leeren phantastischen Schall und Schwall abwechselnd das ihrige zu dem Tädiösen ihres Inhalts hinzutun«. (»Görres«).

Heine hat 1833 »Die Romantische Schule« geschrieben. Auch dieses Jahr fällt in den nämlichen Zeitraum. Es ist erstaunlich, wie spät von den größten Denkern die Romantik erst als eine *Organisation* dargestellt wird, und wie lange man sich die Entschlußlosigkeit leistete, ihre Texte als Hervorbringungen einzelner bedauernswerter, höchstens von einem falschen Zeitgeist verführter Narren zu begreifen. Weder Goethe noch Hegel noch Heine waren naiv genug, um die Wirksamkeit politischer Einrichtungen in den Künsten zu unterschätzen. Auch sie waren mit solchen verknüpft. Aber bis 1815 oder 1820 war ihre Partei die hoffnungslos unterlegene, und gegen die überlegene Partei eröffnet man keine Angriffshandlungen. Man unterläßt, die Kämpfe, die man führt, als Kämpfe ins Bewußtsein zu heben, und eben das ist, was Goethe mit Meyers Aufsatz 1816 als erster tat. Goethe, Hegel und Heine treten den Esel nicht, bevor er tot ist, dann freilich mit dem belebenden Schauder des eben noch Davongekommenen. Erst für Marx und Engels scheint die Romantik wirklich tot, und sie übersehen sie mit der vollen Unaufmerksamkeit, die ihr ihrem geistigen Rang nach zusteht. Der zwanzigjährige Friedrich Engels erwähnt das Wort ein Mal, 1842, in »Friedrich Wilhelm IV, König von Preußen«, in welcher Schrift er dieses Monarchen Versuche einer Wiederherstellung des Ständestaats und Vorliebe für das Korporationswesen »ein vollkommen ausgebildetes System der Romantik« nennt. – Heine, sagte ich, schrieb »Die Romantische Schule«.

»Wir hätten auch den Napoleon ganz ruhig ertragen«, meint Heine. Aber die Fürsten, auf der Suche nach Verbündeten, »sprachen jetzt von deutscher Volkstümlichkeit, vom gemeinsamen deutschen Vaterlande, von der Vereinigung der christlich=germanischen Stämme. Man befahl uns den Patriotismus, und wir wurden Patrioten«.

Mit dem Artikel »über die christlich=patriotisch=neudeutsche Kunst«, erklärt Heine (indem er die Beiwörter ein bißchen durcheinanderwirft), »machte Goethe gleichsam seinen achtzehnten Brumaire in der deutschen Literatur; denn indem er so barsch die Schlegel aus dem Tempel jagte, begründete er seine Alleinherrschaft in der deutschen Literatur«. Goethe nämlich ist Napoleon. »Seine Augen waren ruhig wie die eines Gottes. Letztere Eigenschaft hatten auch die Augen Napoleons«.

»Es fehlte nicht an einer Opposition gegen Goethe. Menschen von den entgegengesetztesten Meinungen vereinigten sich zu solcher Opposition«. So vervollständigt Heine das

Bild. »Um französisch zu sprechen, die äußerste Rechte und die äußerste Linke verbanden sich gegen ihn«.

Die Romantik, glaubt Heine, verlor sich von selbst. »Die retrograde Richtung, das beständige Loblied auf den Geburtsadel, die unaufhörliche Verherrlichung des alten Feudalwesens, die ewige Rittertümelei mißbehagte am Ende den bürgerlich Gebildeten im deutschen Publikum ...«

Falls sich aus so wenigen Belegen entnehmen läßt, wie die verborgene Romantikdefinition unserer Klassiker lautete, wird man erkennen, daß Goethes unauffällige Titelbildung *Neudeutsch religios-patriotisch* ein Urteilskonzentrat darstellt, das von allen gebilligt wird, und das sich mit der Definition deckt, die ich Ihnen angeboten habe.

Religios, d.i. gegen die Aufklärung. Heine hat das *Somnambüle*, Lukács wird später vom *Irrationalen* sprechen.

Neudeutsch, d.i. gegen den Territorialstaat, ständisch, also in Wahrheit altdeutsch und praedeutsch. Für die Germanen und das heilige römische Reich. Stämme und Stände sind untereinander in allem uneins außer darin, daß sie die Freunde der Freiheit und Feinde der Ordnung sind.

Patriotisch, d.i. antifranzösisch, gegenrevolutionär.

Andere Kernmerkmale wie das *Ungesunde* (Goethe), das *Subjektive* (Hegel), das *Mittelalterliche* (Heine) zielen immer auf dasselbe: auf das partikularistische und tribalistische Wesen der Rechts- und Linksfeudalen und die Verneinung jeder vernunftgemäßen Verwaltung durch Menschen *von den entgegengesetztesten Meinungen* (Heine).

Ein weiterer Begriff von Romantik, wie ich oben vorschlug, läßt sich gewinnen, wenn man von den gesellschaftlichen Inhalten der Napoleonzeit absieht und den Begriff rein formal aus der Gestalt einer Fronde herleitet. Die Behauptung ist, es bringe jede Fronderie in ihrer Verworrenheit und Lebensuntüchtigkeit eine Stimmung hervor, die eine Romantik zu nennen Sinn hätte. Eine Fronde ist ein Bündnis von Abweichungen. Alle Abweichungen sind grundsätzlich dümmer als die Regel. Die Herstellung eines gemeinsamen Bodens zwischen befeindeten Abweichungen senkt die Denkebene jeder einzelnen Abweichung und vervielfacht die Dummheit.

»Kein Ding auf Erden ist so sehr dem Wechsel unterworfen als die Romantik«. Mit diesem Satz begonnen zu haben, ist das Verdienst Heinrich Laubes und seiner Abhandlung »Die Romantiker à la Mode«. Er spricht auch von »Nüancen von Romantik«. Er hat das Wort *Romantiken* nicht, aber er ist der erste, der das Wort Romantik im Plural zu denken vermag.

Vom Frankreich nach der Julirevolution sagt er, daß die Feinde Louis Philippes, die Karlisten und die Republikaner, nichts sind als der »Contrast in der neuesten Romantik. Dort weiß, hier rot«. Paris ist der französischen Bourbonen ledig, leidet aber an den spanischen. Karl Maria Joseph Isidor de Borbon y Borbon, jener ultrakonservative Bourbon, der sich Karl V nennt, den Napoleon 1808 abgesetzt hat und der 1814 nach Spanien zurückgekehrt ist, wo er 1834, im Jahr nach Laubes Artikel, ein Blutbad anrichten wird, hat Anhänger. Ein »Romantiker der ersten Sorte«, so schildert Laube die Anhänger, ist vorzustellen als Dandy, Chateaubriand in der einen Rocktasche und ein Gebetbüchlein in der andern. Ein »Romantiker der zweiten Race«, ein Parteigänger beispielsweise des Demokraten Etienne Joseph Louis Garnier Pages, trägt das Kostum eines alten Konventsmitgliedes, hat Robespierres Deklaration auf dem Schreibtisch liegen und auf dem Kamin ein Modell der Guillotine stehen. – Aus der neuesten Fronde, erläutert Laube der eleganten Welt, entspringt die neueste Romantik.

Hier in Beispielen eine Übersicht verschiedener europäischer Romantiken.

Senecas Dramen sind nicht anders zu verstehen denn als Ausdruck einer anticaesaristischen Romantik: einer Ausschwitzung der inzwischen gegen das Kaisertum vereinigten Parteien des Bürgerkrieges.

Im Mittelalter gab es keine Romantik; denn im Mittelalter gab es keine Mitte.

Bei uns im Norden entsteht die Romantik sicherlich aus der Bewegung der Hexer und Hexen, jenem vom Wurzelweib bis zum höchsten Feudalherrn reichenden Zusammenschluß unzufriedener Stände gegen den Absolutismus, welcher mit dem Entstehen des absolutistischen Systems sich gegen dasselbe erhob, und der mit dessen unumkehrbaren Sieg erst zusammenbrach. Der Satanskult ist wahrscheinlich die tiefste Verirrung der Leidenschaft des Verneinens. Man kann sagen, daß beide damals angefangen und bis heute nicht geendet haben, die Romantik und der Satanismus.

Unter Fronden litten der Absolutismus Elizabeths I nicht minder als der Absolutismus Ludwigs XIV. Elizabeths Spitzenfrondeur war Robert Devereux, Graf von Essex, den Shakespeare als Hamlet auftreten läßt. Ludwig hatte zu schaffen mit Charles de Sainte-Maure, Duc de Montausier, der niemals frondierte und voll auf der Seite des Hofes stand und doch eine Frondeursseele besaß. Ein Franzose würde mich verstehen. Nach ihm zeichnete Molière seinen Menschenfeind Alceste. Hören Sie den romantischen Fronde-Ton von Weltverdrossenheit und Erfolglosigkeit, aufgezeichnet von diesen beiden Dichtern.

Hamlet:

»Wie ekel, schal und flach und unersprießlich
Scheint mir das ganze Treiben dieser Welt!«

Alceste: »Die falsche Menschenbrut
Zu hassen und zu schmähn! O Gott, wie wohl das tut!«

Matte deutsche Mißstimmungen gegen einen matten deutschen Spätabsolutismus waren der Sturm und Drang und die
Empfindsamkeit. Das missing link zwischen diesen Albern-
heiten und der deutschen Romantik bildete der Schriftsteller
Maler Müller.

Von 1795 bis 1815 hauste die eigentliche Romantik.

Die folgenden zwei Jahrzehnte des Biedermeier, dank der
Karlsbader Beschlüsse und dank Hegel, verliefen vergleichs-
weise beschaulich.

Von großer Bedeutung wieder wurden die Parnassiens,
welche Ausdruck der zweiten antibonapartistischen Fronde
gegen den zweiten Bonapartismus des dritten Napoleon
waren. Die Romantik sollte von nun an aus der geistigen Welt
nicht mehr verschwinden. Der Name des Mannes, der sich
den letzten Niedergang ausgedacht hatte, lautet Baudelaire.

Die Großnarren in Deutschland waren Richard Wagner
und Friedrich Nietzsche. Beide, Wagner ganz Anarchie und
ganz Edda, Nietzsche ganz Freigeist und ganz Totschläger,
verkörpern schon sichtbar die Einheit des Widerspruchs zwischen Bakuninisten und Alldeutschen; denn sie fochten gegen
Bismarck.

Zur Zeit des Symbolismus ging es nicht mehr gegen eine
bonapartistische Mitte. Es schien gegen die neue Mitte, den
Imperialismus zu gehen, ging aber zugleich und in zuneh-
mendem Maße gegen die künftige Mitte, die Sozialdemo-
kratie. Die Romantik wird prokapitalistisch. Sie fährt fort,
sich antikapitalistisch zu äußern. Aber romantischer Anti-
kapitalismus ist eine Weise, sich über den Kapitalismus vermöge von Anschuldigungen zu beschweren, die ihm nicht
schaden.

Lukács: »Auch die Romantik will die Umwandlung Deutschlands in ein kapitalistisches Land, will sie jedoch ohne Beseitigung der feudalen Vorrechte. Sie erstrebt einen politisch und sozial reaktionären Kapitalismus, der die feudalen Überreste aufbewahrt«. Ab wann und wo immer genau das stimmt, vom Symbolismus an gerechnet stimmt das.

So führte die schiefe Bahn ohne Aufenthalt in die Romantiken der sogenannten Moderne, die sich gegen die Diktatur des Proletariats niederließen und auf Dauer einrichteten. Der Einfluß Englands blieb unverändert oder ging in den Einfluß Amerikas über.

Das Kennwort, das den Inhalt des Antistalinismus bezeichnet, *trotzkistisch-menschewistisch*, bezeichnet sehr schön das unstimmige Wesen dieser Fronde. Trotzki vergaß alle inhaltlichen Zwecke, die er jemals gehabt haben mag. Er war bereit, sich mit jedem Halunken zu verbünden, der sich zum Ziel der Freiheit bekannte. Trotzkis Politik ist die Summe aller rechten und linken Abweichungen von Lenins Linie. Man kann, so lehrte damals die Erfahrung, gleichzeitig rechts und links vom Pferd fallen.

Der Romantik, nachdem unlängst der Imperialismus den Sozialismus besiegt hat, blieb als letzte Aufgabe, dessen Wiedererstarken vorzubeugen. Das Wiedererstarken des Sozialismus ist jederzeit möglich, aber da es im Augenblick nicht wahrscheinlich ist, wird die gegenwärtige Romantik beklagenswert dürftig entlohnt.

Die Vertreter der Romantik sind in einer dummen Lage. Keiner widerspricht ihnen mehr, und keiner zahlt ihnen noch einen Groschen.

Eine Frage bleibt zu beantworten. Die Romantik, wenn sie sich so durch die Zeiten schlängelt – ist sie eine zusammenhängende Sache, die sich seit ihren chaldäischen Ursprüngen bis heute forterbt, oder muß sie sich von jeder Fronde, die ihre Mutter ist, eigens und immer wieder neu gebären lassen? Wir sehen sofort, daß dieses *oder* ein oder ist, das keine der beiden Antworten ausschließt.

Wir haben die Jahreszahl der Verschwörung und die Namen der Verschwörer anzugeben vermocht, welche in der DDR den Rückgriff auf die Schlegelsche Richtung bewirkten, die sie als Grundstein einer ästhetischen Theorie einer gegensozialistischen Fronde zu nutzen verstanden. Alle Romantiken enthalten Versatzstücke aus den Romantiken vor ihnen. Alle Romantiker bedienen sich der Vorläufer, die sie finden. Tieck bediente sich Beaumonts und Fletchers, Nietzsche Schlegels, Heiner Müller Lautréamonts. In dem Sinn, aber nur in dem Sinn, gibt es eine *romantische Tradition* und überlappen sich die Dekadenzen aller Zeiten. Die Romantik fließt nicht, wie ein natürlicher Fluß fließt, aber man kann ihr Wasser mit Rädern zum Fließen bringen.

Eine alte Romantik wird immer erst vererbt, nachdem eine neue Romantik entstanden ist. Zum Erben gehören zwei, ein Erblasser und einer, der sein Erbe nicht ausschlägt. Das Bedürfnis nach einer Fronde sucht nach einem ideologischen Muster und besorgt es sich. Die romantische Lage ist die Bedingung jeder Romantik. Ohne eine romantische Lage fallen die romantischen Überlieferungen sofort in sich zusammen; sie werden obsolet, als seien sie nie gewesen.

Am 8.8.1807 bemerkt Goethe zu Riemer:

»Es sind zwei Formeln, in denen sich die sämtliche Opposition gegen Napoleon befassen und aussprechen läßt, nämlich Afterredung (aus Besserwissenwollen) und Hypochondrie«.

Dies sind andere Denkfächer als die, die wir zu bemühen pflegen, sittliche und solche der Heilkunst.

Dennoch haben wir nicht den Wunsch, Goethe zu verbessern. Ich erinnere an den versprochenen weitesten Begriff von Romantik; ich halte eine physiologische Definition der Romantik – als eines ethischen Defekts oder einer Hirnschwäche – für möglich.

Romantisch, sagten wir, ist die Stimmung einer antibonapartistischen Fronde. Romantisch, sagten wir, ist darüber hinaus die Stimmung aller Fronden. Romantisch, sagen wir jetzt, ist die Gemütsbeschaffenheit jener, die sich zu Frondeurs schicken. Denn nicht jede Lage kann von jedem Mitglied der Population gleich gut vertreten werden. Die eine Sorte Gesellschaft ruft die eine Sorte Menschen auf, die andere die andere. Es gibt sicherlich geborene Romantiker, *Afterredner* eben und *Hypochonder*, und sie tun sich hervor in den romantischen Lagen.

Wie sieht die Art von Seelen aus, die die Natur schafft und der Romantik zur Verfügung stellt?

Nun ja, zunächst: sie können wenig. Ihre Leistungen sind dürftig.

Es gibt in Deutschland um 1800 zwei Kunstrichtungen, die klassische und die romantische. Die herrschende Richtung ist die Klassik. Die Literatur der Zeit wird, das leugnet keiner, von der Klassik geschaffen.

Die Kunstrichtung der Klassik bestand aus einem einzigen Autor, Goethe.

Eingeräumt werden kann, daß Schiller sich der klassischen Richtung zeitweilig anschloß und sie dann wieder verließ. Ferner kann eingeräumt werden, daß Wieland und Heine mit dem Grundgedanken der Klassik übereinstimmten, in dem Sinn sind sie als Klassiker einzustufen. Aber sie arbeiteten nicht im klassischen Stil.

Die Kunstrichtung der Romantik bestand aus zehntausend Autoren, deren Namen wir alle vergessen haben. Keiner von ihnen vermochte zu schreiben. Die Romantik mit ihren zehntausend Mitgliedern gehört, streng genommen, nicht zu jener Epoche der deutschen Literatur. Die Klassik mit ihrem einen Mitglied ist die Epoche.

Romantik, das ist mißlungene Literatur. Goethe sagt dasselbe zu Eckermann (17.10.1828) im Umkehrverfahren: Klassik, das ist gelungene Literatur. »Es kommt darauf an, daß ein Werk durch und durch gut und tüchtig sei, und es wird wohl auch klassisch sein«.

Diese Wahrheit ist ein Gemeinplatz, wir ziehen aber einen Zeugen heran. Es gibt einen englischen Germanisten, Eudo C. Mason, der sich zur Aufgabe gemacht hat, dem britischen Publikum die deutsche Romantik zu erklären. Es hat, sagt er, »außer dem ›Buch der Lieder‹, ›Peter Schlemihl‹ und ›Undine‹ kein einziges repräsentatives dichterisches Werk der eigentlichen deutschen Romantik bis zum heutigen Tage bei englischen Lesern Anklang gefunden«. Drei romantische Hervorbringungen läßt er als genießbar durchgehn. Und wir bedauern hinzufügen zu müssen, daß wir nicht eine dieser drei Hervorbringungen der »eigentlichen deutschen Romantik« zuzurechnen im Sinn hätten.

Da die Romantiker wenig können, achten sie alles Können gering und rühmen das Ungekonnte. Sie führen einen Kampf gegen den Werkbegriff. »In der Art und Weise, wie Schlegel das französische Theater behandelt, finde ich das Rezept zu einem schlechten Rezensenten, dem jedes Organ für die Verehrung des Vortrefflichen mangelt«, so Goethe zu Eckermann, 28.3.1827. Und Goethe zu Eckermann, 22.3.1831: »Worin besteht die Barbarei anders als darin, daß man das Vortreffliche nicht anerkennt?« – »Er klagt so ernstlich über

Anarchie, Formlosigkeit und Mangel an Technik in den neuen Poeten und Autoren«, berichtet Wilhelm Humboldt voll Staunen am 21.11.1808 an einen Freund.

Mit dem Kampf gegen den Werkbegriff führen die Romantiker einen Kampf gegen den Gattungsbegriff, der die Voraussetzung dafür ist, daß ein Kunstwerk gelingt. Jede Art von Anfechtung der ästhetischen Ordnung, handle es sich um das *Gesamtkunstwerk* oder um das *Fragment*, findet ihren Beifall. Sie stellen sich, wie wenn es ihre Absicht wäre, daß bei ihren Anstrengungen nichts herauskommt.

»Allein das ist ja vielmehr das Auszeichnende der romantischen Poesie«, sagt Rudolf Haym unter Aufbietung aller einem deutschen Ordinarius zur Verfügung stehenden Ironie, »daß in ihr, was sonst das Zeugnis der Unbeholfenheit und der Unpoesie ist, zum Stempel der Schönheit und Vollendung wird! «

Ein »freiwilliges, vorsätzliches Verzichtleisten auf alle Vorteile der ausgebildeten Kunst läßt sich nicht verteidigen«. (Goethe/Meyer).

Verteidigen wohl nicht, aber doch verkaufen.

Was leicht zu machen ist, ist auch leicht zu begreifen.

Törichte Leute werden von törichten Leuten kapiert. Es gibt an den romantischen Erzeugnissen gar nichts zu begreifen, aber eben das ist dem romantischen Bewunderer lieb, welcher unbeschämt davonkommt. Wenn Sie, angesichts seines Kunstwerks, einem Romantiker gegenüber bekennen: Ich habe kein einziges Wort verstanden, wird er Ihnen umgehend versichern: Aber das verlangt ja auch niemand. So getröstet entläßt Sie nicht leicht ein anderer Künstler.

So wie die Mehrheit der Autoren nur Romantik zu produzieren vermögen, schätzt die Mehrheit des Publikums Romantik um der Mühelosigkeit des Rezipierens willen. Unfähigkeit ist irgendwie ein anderes Wort für Mehrheitsfähigkeit. Der Zahnlose bevorzugt Brei als Mahlzeit.

»Die innere Nichtigkeit«, (Hegel im »Solger«), »welche von der Theorie der Ironie gefordert wird, führt hin auf dasjenige, worauf die Mittelmäßigkeit von selbst gerät, – Charakterlosigkeit, Inkonsequenz und Zufälligkeit«.

»Man kann nur etwas aussprechen, was der Bequemlichkeit schmeichelt«, (Goethe zu Eckermann, 22.3.1831), »um eines großen Anhanges in der mittelmäßigen Menge gewiß zu sein«.

Beuys, Warhol, Beckett.

Die Romantik im gegenwärtigen Weltaugenblick, das sind ganz alte Kamellen und abgetane Sachen, durch und durch 20. Jahrhundert. Aber Ungenießbarkeit spricht nicht mehr gegen ein Kunstwerk. Die biologische Überzahl der Unfähigen unter den Künstlern und den Kunstfreunden rät uns, nicht mit einem baldigen Verschwinden der Romantik zu rechnen.

Die indigenen Romantiker, die Romantiker von Geburt, dieser überhaupt nicht gesellschaftlich bewirkte Teil des Romantikphänomens ist natürlich der wissenschaftlich unbefriedigendste. Wer wetzt schon gern seine Urteilskraft an den Stimmungen eines Unleidlichen. Stalin kann nicht stolz auf sich gewesen sein, als ihm zur Erklärung der Taten und Meinungen Trotzkis keine bessere Ursache zu nennen übrig blieb als ein Seelenzustand der Eitelkeit und der malkontenten Überhebung. Goethe bescheidet sich voll mit Schimpfen. »Es gibt«, sagt er am 3.2.1823 zum Kanzler Müller, »ein *Organ* des Mißwollens, der Unzufriedenheit, wie es eines der Opposition, der Zweifelsucht gibt«. Vielleicht am gerechtesten wird der romantischen Seele Hegel. »Die Franzosen«, schreibt er im »Hamann«, »haben einen kurzen Ausdruck für einen

Menschen von dieser Widerwärtigkeit des Gemüts, welche wohl Bösartigkeit zu nennen ist; sie nennen einen solchen *un homme mal élevé«*.

Auch einer, dem nicht recht liegt, sich gegen das durchweg Abscheuliche übermäßig zu ereifern, wird zugestehen, daß es jedenfalls eine Form von schlechten Manieren ist.

PERSONENREGISTER